Marlies Winckler

Saint Germain & Helios

Jenseits von 2012

Die Erde im Neuen Zeitalter

Bitte fordern Sie unser kostenloses Verlagsverzeichnis an:

Smaragd Verlag
In der Steubach 1
57614 Woldert (Ww.)
Tel.: 02684-97848-10
Fax: 02684-97848-20
E-Mail: info@smaragd-verlag.de
www.smaragd-verlag.de

Oder besuchen Sie uns im Internet unter der
obigen Adresse.

Marlies Winckler

Saint Germain & Helios

Jenseits von 2012
Die Erde im Neuen Zeitalter

Smaragd Verlag

Über die Autorin

Marlies Winckler wurde 1961 geboren. Als Jugendliche bemerkte sie, dass sie in der Lage ist, mit dem Nicht-Sichtbaren zu kommunizieren.

Ihr Weg führte sie über schamanische Reisen zu ihren Krafttieren und Geistführern. Ein entscheidender Schritt war der Kontakt zu den Aufgestiegenen Meistern, die ihr das Wissen vermittelten, das sie brauchte, und sie dazu brachten, dieses auch anzuwenden.

Die Autorin arbeitet als Channel und Hypnotherapeutin in der Nähe von München.

Inhalt

Vorwort

Liebe Leserin, lieber Leser,

ich freue mich sehr darüber, den Weg in die nächste Dimension mit euch gemeinsam zu gehen. Es ist schön zu wissen, dass es euch gibt und wir uns zusammen vor langer Zeit für diese Reise entschieden haben.

Der Weg fällt mir nicht immer leicht, doch ich habe engen Kontakt zu den Aufgestiegenen Meistern, was eine große Hilfe ist. Ohne ihre Unterstützung würde ich das eine oder andere Mal verzweifeln. Ich merke meine persönlichen Herausforderungen jeden Tag. Es ist wie verhext – manchmal glaube ich, ich hätte alles verstanden und könnte meine Erkenntnisse wunderbar in meinem Leben umsetzen, dann wieder ist es so, als ob ich immer wieder von vorne anfangen würde. Alte Dinge kommen hoch und wollen angeschaut werden, und seit Jahren habe ich das Gefühl, nicht mehr zur Ruhe zu kommen.

Ich sehe die Veränderungen, die um mich herum stattfinden. Vieles davon ist positiv, anderes macht mir Schwierigkeiten. Manchmal komme ich mir vor, als würde ich orientierungslos in einem freien Raum schweben, dann wieder bin ich von tiefer Sicherheit und Freude erfüllt. Ich bin sehr schnell erschöpft, trotzdem muss ich auch meinen Alltag noch regeln und „funktionieren", was nicht immer leicht ist.

Mein altes Ich muss ich vollständig aufgeben. Bei den „negativen" Aspekten fällt es mir leicht, aber ich weiß, ich muss das ganzes Bild meiner mühsam aufgebauten menschlichen Identität aufgeben, da dieses ja letztendlich nichts anderes als eine Illusion ist. Auch das Festhalten an dem Glauben daran, dass es Dinge gibt, die ich gut kann.

Meine Seele hat mir mitgeteilt, dass auch diese Einstellung in Wirklichkeit eine Einschränkung und Reduzierung meines Selbst ist. Und so habe ich manchmal spürbar das Gefühl, regelrecht zu zerfallen. Doch ich weiß, dass es vielen von euch ähnlich ergeht.

Dennoch möchte ich diese Zeit und diese Erfahrungen um nichts in der Welt missen, da ich in den letzten Jahren sehr viel gelernt habe. Dieses Leben wäre sehr viel ärmer ohne die Chance, den Aufstieg zu erleben und mitzugestalten. Ich möchte euch dafür danken, dass ihr Wegbegleiter seid, und euch Mut machen, weiterzugehen. Wir haben es bis hierher geschafft, und ihr werdet sehen, der Rest wird ein Kinderspiel.

Ich freue mich darauf, mit euch ein Freudenfest zu feiern, wenn wir am Ziel angelangt sind, denn viele von uns sind von Anfang an dabei gewesen. Wir haben bei der Entstehung der alten Erde mitgewirkt, und wir arbeiten an der Entstehung der Neuen Erde. Dieses tun wir nicht nur auf der Erde, sondern nehmen auch an Planungssitzungen in der Geistigen Welt teil. Wir sind diesem Planeten und der

Schönheit des Lebens in seiner Vielfalt in tiefster Liebe verbunden. Was wir erschaffen haben und noch werden, ist wirklich wunderschön.

Marlies Winckler

Einleitung von Helios und Saint Germain

Liebe Seelen, ihr befindet euch derzeit auf einer Reise in das für euch scheinbar Unbekannte. Diese Reise ist für euch zurzeit mit sehr vielen Schwierigkeiten verbunden, sowohl körperlicher als auch energetischer und seelisch/ geistiger Art. Ihr bemerkt, dass euer Leben nicht mehr so ist, wie es einmal war. Darüber hinaus ahnt ihr, dass es nie mehr so sein wird, und ihr wisst, dass ihr selbst nicht mehr so seid, wie ihr früher wart, und es nie wieder sein werdet. In gewisser Weise seid ihr orientierungslos – das Altbekannte verliert mehr und mehr seine Gültigkeit. Die euch bekannten und vertrauten Verhaltensweisen und Mechanismen führen nicht mehr wie früher zum Ziel – die Welt scheint Kopf zu stehen, und ihr seid mittendrin. Alles um euch herum verändert sich, und ihr habt das Gefühl, dass die Zeit viel schneller vergeht und euch davonläuft. Ihr fühlt euch losgelöst und doch nirgendwo angekommen. Das kann dazu führen, dass ihr euch fragt, wozu ihr all die Mühsal auf euch nehmen sollt, denn ihr merkt, dass ihr euch von etwas wegbewegt, kennt jedoch das Ziel nicht.

Wir möchten euch in diesem Buch einen Ausblick auf das Ziel eurer Reise geben, sozusagen eine Beschreibung der unbekannten Welt, in die ihr aufgebrochen seid. Ihr werdet sehen und verstehen, dass euch eine sehr schöne neue Welt erwartet, die all die Mühe lohnt. Eine Welt, die anders ist als die euch bekannte. Sowohl die alte wie auch die neue Erde, sowohl die Dritte/Vierte wie auch die Fünfte Dimension haben ihre ganz besonderen Eigenschaften und Schönheiten. Es ist eine große und durchaus herausfordernde Aufgabe, als Mensch die Reise in eine höhere Dimension zu vollbringen, weil ihr euch innerhalb der Gegebenheit der Materie befindet und nicht im rein geistigen Daseinszustand. Dennoch habt ihr euch bereiterklärt, diesen Weg mit Gaia zusammen zu gehen.

Aus Sicht eurer Seele ist es ein wunderschönes und einzigartiges Abenteuer, denn diese Art von Erfahrung machen Gaia und die Bewohner der Erde zum ersten Mal. Ihr seid sehr mutige Seelen, die sich bereiterklärt haben diesen Weg zu gehen und die Verantwortung zu tragen, damit die Veränderungen und der Aufstieg in die Fünfte Dimension stattfinden können.

Ihr wisst, dass ihr den Weg nicht alleine gehen müsst. Wir helfen euch mit höchster Aufmerksamkeit und überwachen alle energetischen Vorgänge. Zudem sorgen wir dafür, dass die Balance niemals verlorengeht und unterstützen euch dabei, eure eigenen wie auch die globalen Prozesse zu erkennen und zu bewältigen. Hierbei ist wichtig, dass ihr euch nicht zu viel auf einmal zumutet. Ihr braucht nicht in die Angst oder die Sorge zu gehen – denn ihr habt es bereits geschafft. Es gilt nur noch, den letzten Teil der Reise zurückzulegen. Wir bitten euch, in dieser Zeit auf euch aufzupassen und dafür zu sorgen, dass ihr ausreichende Ruhepausen habt. Diese sind sehr wichtig, da die

Herausforderungen dieser Erdenzeit sehr groß sind. Für die meisten von euch ist es die schwierigste Inkarnation auf der Erde, da gewaltige Umwälzungen, sowohl auf persönlicher als auch auf globaler Ebene, innerhalb so kurzer Zeit stattfinden. Andererseits ist es aber auch eine der schönsten und lohnendsten Inkarnationen, da eure Seele reiche Früchte erntet und sich und ihren Erfahrungsschatz in großem Ausmaß erweitern kann.

Wir bitten euch, euer Ziel im Auge zu behalten und euch auf die Tage zu freuen, die kommen werden. Einmal angekommen, wird alles für euch viel leichter und müheloser sein, da ihr in einem völlig neuen Bewusstsein leben werdet. Ihr werdet wissender, sehender und von Weisheit erfüllt sein und euer Leben auf diesen Grundfesten aufbauen können. Und ihr werdet feststellen, dass euer Leben in der Fünften Dimension ein freudvolles sein wird. Euch wird bewusst, welche große Aufgabe ihr vollbracht habt, und ihr werdet wissen, dass ihr wahrlich Meister des Lebens geworden seid.

Warum das Erdenjahr 2012?

Liebe Seelen, den Aufstieg der Erde und der Menschheit habt ihr schon vor sehr langer Zeit so festgelegt. Ihr wisst, dass der Kalender derer, die ihr Maya nennt, im Jahr 2012 aufhört. Das ist natürlich kein Zufall. Sie haben es so festgesetzt, weil sie wussten, dass ihr euch einmal mit ihrer Kultur beschäftigen würdet.

Ihr wisst, dass Zeit und Raum nicht wirklich existieren. Nun ist es so, dass, als die Erde erschaffen wurde, in gewisser Weise auch ihre Geschichte geplant wurde, denn der Planet Erde hat ebenso wie ihr Aufgaben übernommen und möchte Erfahrungen sammeln.

Es war immer schon vorgesehen, dass die Erde irgendwann in die Fünfte Dimension aufsteigen wird, denn kein Wesen oder Planet wünscht stete Stagnation. Alles ist nicht nur in Bewegung, sondern auch in Entwicklung. Zieht einmal die Quersumme aus 2012 = die Zahl Fünf. Dies nur als Anmerkung.

Die Erde hat sich innerhalb ihrer Heimatgalaxie eine besondere Geschichte ausgesucht. Ihr Dimensionswechsel hinkt quasi dem Dimensionswechsel der Heimatgalaxie hinterher, und ihr wisst, dass die Erde deshalb in ein Vakuum gesetzt wurde. Ihr wisst auch, dass die Heimatgalaxie bald auf dem Weg in die Sechste/Siebte Dimension ist und die Erde deshalb jetzt nachziehen muss. In gewisser Weise ist 2012 der perfekte Zeitpunkt, um es einmal so auszudrücken.

Vereinfacht gesagt: so spät wie möglich, und noch zeitig genug. Weshalb so spät wie möglich? Nun, die Erde wie ihre Bewohner befanden sich in einer besonderen Situation. Ihr wart durch die Ablösung von zehn eurer DNA-Stränge vom Bewusstsein eurer eigenen Göttlichkeit abgetrennt, eine schwierige, aber auch sehr interessante Situation. Eine ganz besondere Herausforderung für Gaia entstand durch die Erstellung des Vakuums, besser gesagt, einer planetaren Schutzhülle, die es ihr ermöglichte, in der Dritten/Vierten Dimension zu bleiben, obwohl die restliche Galaxie bereits ihre Frequenz erhöht hatte. Dadurch war sie ebenfalls isoliert. Ein überaus interessantes Experiment.

Ihr alle, auch Gaia, seid freiwillig und voller Neugierde in dieses Experiment gegangen. Jedoch war es vorhergesehen, dass das Experiment eines Tages beendet werden musste, nicht zuletzt, um das Überleben des Planeten Erde zu sichern. Dieser Tag ist jetzt gekommen. Es hat immer das Versprechen gegeben, euch nicht in dem Experiment verlorengehen zu lassen, obwohl die Gefahr durchaus gegeben war. Ihr wusstet jedoch um die Gefahr und habt sozusagen Sicherheitsmechanismen eingebaut, zum Beispiel die Möglichkeiten des Todes. Dadurch konntet ihr sicherstellen, in Zeiten, in denen das Wissen fast vollständig von der Erde verschwunden war, wieder in die

Geistige Welt zurückzukehren. Der Tod als scheinbares „Gesetz" war für diese Zeiten absolut notwendig, da ihr in eurer Inkarnation auf der Erde vollständig vergessen hattet, wer ihr wirklich seid.

Ihr habt den Tod erschaffen – als Sicherheitsmechanismus. Dieser Mechanismus kann in der Materie durchaus sinnvoll und notwendig sein, weshalb er in der Schöpfung an vielen Orten zu finden ist. Auch Planeten und Sonnen können sterben, denn auch sie sind beseelte Wesen.

Außerhalb der Materie, in den Ebenen des reinen Geistes, gibt es keinen Tod. Er ist hier nicht vonnöten. Reiner Geist ist unsterblich. Die Ebenen des reinen Geistes sind die Ebenen des Urschöpfers und seiner Geschöpfe. Ihr nennt diese Seelen. Die Erschaffung der Materie – bewirkt durch die Senkung der Frequenz – Erschaffung von Energiedichte, ist ein Experiment mit doppeltem Boden. Es war von Anfang an dafür gesorgt, dass Seelen, die den Mut hatten, sich in dieses Experiment zu begeben, nicht darin verlorengehen konnten. Deshalb gibt es den Tod. Der Tod ist keine „schlechte Laune" des Urschöpfers, sondern ein Sicherheitsmechanismus, damit ihr immer nach Hause zurückkehren könnt, selbst dann, wenn ihr alles vergessen habt.

2012 bedeutet keinen Tod. Es ist lediglich ein Datum dafür, dass eine Gesamtheit – die Erde und ihre Bewohner – in Bewusstheit GEMEINSAM einen Schritt nach Hause gehen. Wie wir bereits sagten – der perfekte Zeitpunkt. Später hätte es nicht stattfinden dürfen, denn es gibt noch die größere Gesamtheit der Heimatgalaxie. Früher wäre durchaus möglich gewesen, jedoch hättet ihr und Gaia nicht die Besonderheit eurer Erfahrungen bis zum Letzten auskosten können. Ihr seid nicht „zurückgeblieben", sondern ihr wolltet ganz besondere Erfahrungen machen, und Gaia wollte diese Möglichkeit vielen Seelen zur Verfügung stellen. Alles ist perfekt so, wie es ist.

Nicht nur euer „Aufstieg" ist ein großartiger kosmischer Moment. Alle eure Momente auf diesem wundervollen Planeten, eure hellsten und dunkelsten, waren großartig. 2012 bedeutet für euch, einen Teil des Experiments erfahren und erledigt zu haben – ein wunderbares Wachstum eurer Seelen. Ihr habt eure besten und dunkelsten Seiten kennengelernt. Jetzt könnt ihr diese Erfahrungen an andere weitergeben und euer Wissen mit dem Kosmos teilen.

Nach 2012 werden sich eure Aufgaben neu gestalten. Ihr werdet die Erde neu gestalten. Damit meinen wir nicht besser, wir meinen neu. Ihr habt den letzten Teil des Experiments hervorragend bewältigt. Dies könnt ihr in dem Moment erkennen, in dem ihr aus eurer Wertung geht und erkennt, dass ihr lediglich die Erfahrungen gemacht habt, die ihr machen wolltet. Dies schließt Gaia mit ein.

Ihr hattet nie vor, den Planeten wirklich zu zerstören, dazu liebt ihr ihn zu sehr. Macht euch bewusst, wie sehr ihr ihn liebt. Mit der vielfältigen Gestaltung seiner Oberfläche, seinen wunderschönen Landschaften, seinen Steinen, Tieren, Pflanzen und Menschen. Wie sehr ihr den Sonnenschein liebt, den Sternenhimmel, die Jahreszeiten. Die Vielfalt und Fülle in jeglicher Hinsicht. Die Erde ist ein wahrhaft reicher Planet.

Ihr wolltet an Grenzen gehen, ihn jedoch niemals zerstören. 2012 beginnt ein neues Experiment. Ihr seid gewachsen. Die Erde ist gewachsen. 2012 ist kein Weltuntergang, sondern der Übergang einer Gesamtheit in eine neue Dimension, nachdem etwas in der alten Dimension vollbracht wurde. Der Beginn war ein freudiger, und das Ende ist ein freudiges. Jedes Ende ist der Beginn von etwas Neuem. Alles existiert gleichzeitig, denn auch Materie ist nichts anderes als eine Ausdrucksform von Geist. Geist ist unsterblich, er ist überall gleichzeitig. Geist in seiner Reinform ist dimensionslos, denn er ist der Schöpfer der Dimensionen.

Die Zeit der Transformation

Die Zeit der Transformation bringt für euch viele körperliche Beschwerden mit sich, was damit zu tun hat, dass ihr noch ungelöste Themen in euch tragt, die nun gelöst werden möchten. Deshalb habt ihr teilweise den Eindruck, massiv mit eurem Körper konfrontiert zu werden, denn auch der Körper möchte erlöst werden, da viele alte Energien in ihm angestaut sind. Prozesse der Seele werden in der Tat auch im Körper gespeichert. Man könnte es so sagen: Eure Seele beeinflusst auch eure Chemie, was auf der molekularen Ebene geschieht.

Hierzu ein Beispiel: Eine Seele hat im Laufe eines Lebens viel Wut angestaut. Dieses bringt eine Verdichtung auf molekularer Ebene mit sich, die Moleküle verdichten sich sozusagen. Das bedeutet, dass der Raum zwischen den Molekülen enger wird. Anders ausgedrückt: Die Moleküle „rücken aufeinander", was die Freiheit, die Bewegungsfreiheit, einschränkt, denn alles ist in Bewegung. Die Moleküle werden sozusagen „gequetscht". Dadurch wird die Rotation gestört, und die Bahnen der Elektronen sind nicht mehr gleichmäßig, was die Frequenz verringert. Und so können Mutationen im Gewebe entstehen. Anders ausgedrückt: Aus dem ursprünglichen Gewebe wird ein anderes. Diese Änderung, falls sie nicht aufgelöst wird, hat die Tendenz, sich zu verbreitern. Bildlich gesprochen, wird es den Molekülen „zu eng", und sie schaffen sich Raum, indem sie auf ihre Nachbarn Druck ausüben.

Wenn sich jetzt, wie es zur Zeit geschieht, die Frequenz der Umgebung erhöht und auch der Raum der Umgebung weiter wird, geschieht keinesfalls automatisch Heilung, sondern es kann erst einmal zu Disharmonie führen. Zwei Systeme prallen aufeinander. Diese müssen sich einander angleichen, wenn Harmonie entstehen soll. Es ist jedoch derzeit nicht vorgesehen, dass sich der euch umgebende Raum euch angleicht, im Gegenteil, es ist eure Aufgabe, euch dem Raum anzugleichen. Eure derzeit sich äußernden Krankheiten zeigen euch Disharmonien auf. Wenn der Aufstieg vollendet ist, wird es diese nicht mehr geben, da alle Themen der Dritten/Vierten Dimension gelöst sind.

Wir bitten euch in diesem Sinne, eure Krankheiten nicht zu verdammen, denn sie zeigen euch den Weg zur Auflösung eurer Disharmonien. Viele von euch gehen sehr schlecht mit sich und ihrem Körper um, was ein wiederkehrendes Thema des Selbstwerts ist.

Es ist nun an der Zeit, mangelnden Selbstwert und auch Disharmonien hinter euch zu lassen. Die Natur selbst möchte wieder in Harmonie kommen, und ihr – euer Körper – seid ein Teil davon. Auch die Erde, der Körper von Gaia, ist bestrebt, in Harmonie zu kommen, denn Gaia durchläuft ebenso ihre Reinigungsprozesse, hat alte Dinge aufgestaut, Verletzungen erlitten. Viele davon aus grenzenloser Liebe zu euch, da sie euch gestattet hat, in ihre ureigene Harmonie einzugreifen.

Nehmt eure Krankheiten als Wegweiser in die Zukunft. Sie sind wie Straßenschilder, auf denen steht: Hier geht's lang.

Emotionen und ihre zukünftige Entwicklung

Wir bitten euch, euer Herz zu öffnen und so in ein neues Verständnis zu kommen. Ihr merkt bereits, dass die alten Paradigmen nicht mehr greifen. Der Weg in die neue Welt öffnet sich über euer Herz, nicht über euren Verstand. Viele von euch kämpfen derzeit mit ihren Emotionen. Lasst sie zu, auch wenn es euch schwer erscheinen mag. Ihr seid transparenter, durchlässiger, aufnahmebereiter geworden und es fällt euch zusehends schwerer, euch abzugrenzen, was notwendig ist auf dem Weg zu einem verstärkten „Wir".

„Wir" bedeutet, dass Ich sich hier abgrenzen möchte. In den kommenden Zeiten werdet ihr mehr „Wir" leben. Die fehlende Abgrenzung macht euch jedoch noch zu schaffen, aber bedenkt, ein „Wir" kann nicht mit Grenzen aufrechterhalten werden. Lernt euch zu öffnen, auch für scheinbar negative Dinge, denn erst ein Aufgeben von Grenzen ermöglicht ein größeres Verständnis füreinander.

Wir wissen, dass der Weg oft schmerzhaft ist. Auch sehnt ihr euch manchmal nach den alten Zeiten zurück. Lasst sie in Frieden ruhen. Sie hatten ihre Qualitäten, so, wie die neuen Zeiten ihre haben. Die Menschheit ist dabei, einen großen Sprung zu machen.

Wir möchten euch das neue „Wir" etwas näher erläutern. Es bedeutet: gemeinsam eine Welt erschaffen. Die Erde war bisher ein Planet der Trennung, des Abgeschnittenseins. Jedes Individuum fühlte und agierte in erster Linie für sich. Das ändert sich nun, denn mehr und mehr wird das Wohl des Großen Ganzen in euer Blickfeld rücken, wodurch Verbundenheit, Einssein entsteht. Wenn ihr versucht, eure Schranken aufrechtzuerhalten, erzeugt ihr Widerstand gegen eine Entwicklung, die nicht aufzuhalten ist. Es ist auf Seelenebene euer aller Wunsch, wieder in die Verbundenheit zu kommen, was euren Körper einschließt. Die Verbundenheit mit eurem Körper wieder zu FÜHLEN, und umgekehrt, den Körper die Verbundenheit mit euer Seele und dem großen ALLES fühlen zu lassen. Das erweitert euer Verständnis für euer Sein.

Wichtig dabei ist, dass ihr aufhört, nur die guten, angenehmen Gefühle fühlen zu wollen, denn auch das ist Abgrenzung. Ihr möchtet die weniger angenehmen Gefühle abgrenzen, ausweisen. Diese gehören jedoch ebenso zu eurem Sein. Also nehmt sie an, denn auch sie möchten euch etwas zeigen, und es wird dem Körper helfen, zu gesunden. Ebenso wird es der Seele helfen, ihren Aufstieg zu schaffen. Es wird dem gesamten ALLES helfen, denn die Quelle möchte nicht von irgendeinem Aspekt abgetrennt sein.

Helios
Ich habe bereits erwähnt, dass sich Gefühle auf molekularer Ebene manifestieren, und dass ein emotionaler

Stau auf dieser Ebene zu Disharmonie führt. In eurer Gesellschaft ist es nicht „schicklich" gewisse Gefühle zu äu-
ßern, und dieses möchten wir korrigieren. Jedes Gefühl,
ohne Ausnahme, kann empfunden werden, ohne dass es
anderen schadet. Es geht um die Empfindung, nicht um
das „Austoben". Die Empfindung geschieht im Inneren
und kann sehr wohl heilsam sein. Austoben geschieht im
Außen und bringt Leid mit sich. Unterdrückung von Emotionen geschieht im Inneren und verursacht Disharmonie
auf allen Ebenen. Wir möchten hierzu auf die Natur eurer
Emotionen eingehen.

Emotionen erzeugen elektrische Felder. In gewisser
Weise, könnte man sagen, Spannungszustände. Sie erzeugen – Bewegung. Ein gefühlloser Mensch wäre völlig statisch. Diese elektrischen Felder strahlen und sind
ein wichtiger Bestandteil eurer Interaktion mit eurer Umgebung, und nicht zuletzt auch mit eurem Körper, der in
gewisser Weise ja auch zur Umgebung eurer Seele ge-
zählt werden kann, denn er ist nicht eure Seele. Die von
euch erzeugte Strahlung beeinflusst die Umwelt, was in
Form einer Gegenreaktion gesehen werden kann. Und so
entstehen Situationen in eurem Leben. Emotion – elek-
trisches Feld – Strahlung – Interaktion mit den elektrischen
Feldern eurer Umgebung.

Gefühllose Menschen wirken auf euch wie tot, abge-
storben, weil keine Interaktion stattfindet. Allerdings gibt
es keine völlig gefühllosen Menschen, sondern nur Men-

schen, die sich sogar gegen sich selbst abgegrenzt haben. Aber jeder Mensch fühlt zum Beispiel Schmerz. Das Zusammenspiel all eurer elektrischen Felder ergibt das Spiel des Lebens.

Würde man sich die Erde und euer Sein auf diesem Planeten unter diesem Aspekt anschauen, so würde man ein Kaleidoskop von sich verändernden Farben, Formen, Blitzen, bunten Wolken wahrnehmen – genannt Leben. Es ist kein Zufall, dass ihr immer etwas fühlt. Ihr fragt einander: Wie geht es dir? Diese Frage ist ziemlich unsinnig. Wesentlich mehr Sinn ergibt die Frage: Wie fühlst du dich? Nur so könnt ihr die Situation eines Menschen erfassen.

In der Neuen Zeit werdet ihr wissen, wie sich ein anderes Wesen fühlt, denn durch die dünner werdenden Grenzen könnt ihr euch in zunehmendem Maße in andere „einfühlen". Das ist erst einmal beängstigend, und eure erste Reaktion wird oft sein, die Mauern erst einmal wieder hochzufahren, weil es euch Angst macht, Angst davor, die Grenzen des eigenen Ichs zu verlieren. Ihr werdet jedoch immer mehr erkennen, dass dies kein Verlust ist, sondern ein großer Gewinn. Wenn ihr euch nicht mehr ab- beziehungsweise eingrenzt, könnt ihr euch erweitern, und das Zusammenspiel, die Interaktion, eure elektrischen Felder werden sich verstärken.

Das bedeutet eine erweiterte Hilfsbereitschaft, ein einfacheres Aufeinanderzugehen durch verbesserte Wahrnehmung, MITGEFÜHL im ursprünglichsten Sinne eurer Worte. Seid versichert, es ist ein Zu-Gewinn, denn ihr werdet weniger unter Einsamkeit, Abgrenzung, Ausgrenzung leiden. Ihr könnt euch jetzt das Ausmaß der kommenden Veränderungen noch nicht vorstellen, weil der Prozess schrittweise vonstattengehen wird, in der Geschwindigkeit, die ihr verkraften könnt. Wir bitten euch, nicht in die Angst zu gehen, wenn es so scheint, als würden die Emotionen euch übermannen. In der Zukunft wird Kommunikation verstärkt auf emotionaler Ebene stattfinden, wodurch euch die Wahrnehmung eurer Emotionen heftiger vorkommen wird. Das ist so, weil Abgrenzungsfilter wegfallen. Am Ende des Prozesses werdet ihr sozusagen das große Ganze wahrnehmen können.

Wir versichern euch, dass es ein großartiges „Gefühl" ist. Ihr könnt mit Wesenheiten auf anderen Sternen in Verbindung treten, euch in sie hineinfühlen, sie gefühlsmäßig erfassen und mit ihnen interagieren, kommunizieren. Die Gefühle werden euch den Weg zu allumfassendem Verständnis weisen, ihr werdet euch von Menschen zu kosmischen Wesen entwickeln.

Eure Emotionen verbinden und vermischen sich mit den Emotionen von Gaia, denn auch sie ist ein fühlendes Wesen und kennt Freud und Leid. Das Gesamte dieser Emotionen – elektrische Felder – verbindet sich mit der Galaxis und tritt in Interaktion. Das Gesamte eurer Galaxis wiederum tritt mit anderen Galaxien, man könnte auch sagen, dem Kosmos, in Verbindung. Es sind nicht nur eure Gedanken, die sich verbinden, es sind auch die Emotionen. Emotionen sind eine Ausdrucksform der Seele. Gott ist ein FÜHLENDES Wesen. Jeder von euch hat schon einmal die Erfahrung gemacht, einen anderen Menschen zu „fühlen". Mütter sind großartige Wesen, sie brauchen diese Fähigkeit bei Kleinkindern, die noch nicht in der Lage sind, sich zu artikulieren.

In der Vergangenheit habt ihr euch dieser Gabe oft entledigt, weil sie euch Angst machte. Dieses wird in zunehmendem Maße nicht mehr möglich sein und ist so von euch gewollt. Auf den höheren Ebenen sind die Wesen in der Lage, immer alles zu fühlen. Stellt euch einmal vor, wie es ist, einen ganzen Kosmos zu fühlen. Großartig, denn in diesem „Alles Fühlen" entsteht Gleichgewicht, Harmonie. In eurem linearen Dasein seid ihr es gewohnt, nur ein dominantes Gefühl zu haben, was euch den Eindruck verschafft, dass eure Gefühle euch „beherrschen". Wenn ihr alles auf einmal fühlen könntet, wärt ihr in Harmonie, denn die Gefühle würden einander ausgleichen, und ihr müsstet sie nicht mehr in „Gut" oder „Schlecht" unterteilen. Sie wären einfach. Ihr habt gelernt, auch eure Gefühle voneinander abzugrenzen. Ihr fühlt entweder das eine oder das andere. Auch das war so gewollt. Ein lineares aufeinanderfolgendes, voneinander abgegrenztes Fühlen ermöglicht erst das wirkliche Verständnis eines Gefühls. Ihr wolltet diese Erfahrung machen, um euer Verständnis und euer Bewusstsein für Alles-was-ist zu erweitern.

Ihr habt in eurem Erdendasein alle Gefühle gefühlt, die es auf dieser Ebene gibt. Euer Nach-Hause-Gehen beinhaltet auch eine Rückkehr in das große ALLES-GEFÜHL. Integration in diesem Zusammenhang bedeutet, die Abgrenzung aufzugeben. Das versteht ihr jetzt noch nicht, da ihr noch linear fühlt, jedoch auch euer emotionales Empfinden wird in die Multidimensionalität aufsteigen. Es ist eine Erweiterung eures Seins, die euch hilft, die Balance wiederzufinden. Die Waagschale wird nicht mehr von einer Seite auf die andere kippen, weil nur ein Stein da ist, sondern die Waage hat in der Multidimensionalität nur noch eine einzige Waagschale mit allen Steinen. Habt ihr euch schon einmal darüber gewundert, warum wir immer so „ausgeglichen" erscheinen? Das ist die Antwort.

Die Entwicklung der Körperlichkeit in der Neuen Zeit

Auch euer Verständnis der Körperlichkeit wird sich in der Neuen Zeit ändern. Obwohl ihr in der alten Zeit sehr in dieser verhaftet wart, wart ihr doch in gewisser Weise von eurem Körper getrennt. Anders ausgedrückt: Ihr habt euch in der Körperlichkeit verloren und dabei oft eure Seele abgetrennt. Sich in der Körperlichkeit zu verlieren bedeutet nicht, die Körperlichkeit in das Sein zu integrieren. Integration bedeutet ein gleichberechtigtes Nebeneinander, besser gesagt: ein Miteinander zu leben.

Die Neue Zeit bringt eine größere Verschmelzung der beiden Aspekte mit sich. Was bedeutet das für euch? Körper und Seele werden wieder eine nach innen gefühlte Einheit darstellen, und bestimmte Verhaltensweisen der Vergangenheit werden nach und nach verschwinden. Dies betrifft unter anderem den Bereich eurer Sexualität. Ihr werdet wieder zunehmend in das tiefere Verständnis einer innigen Vereinigung, die auch körperlich stattfindet, kommen. In der Vergangenheit habt ihr euch überwiegend auf das körperliche sexuelle Lustempfinden konzentriert. Das ist nicht im Sinn der Seele, denn oft werden ihre Bedürfnisse über Bord geworfen. Jedoch auch die Seele möchte sich vereinen, mit der anderen Seele verschmelzen. Das wurde von der Menschheit bei der Wahl der Sexualpartner häufig nicht berücksichtigt, da es um reines körperliches Lustempfinden ging.

Da ihr in der Neuen Zeit in ein insgesamt größeres Verständnis eures Seins kommen werdet, werdet ihr dieses Verhalten in der Form nicht mehr leben wollen, denn es wird eurem Sein nicht mehr angemessen sein. In der Neuen Zeit werden Körper und Seele zunehmend als eins agieren, was jedoch nicht von einem Tag auf den anderen geschehen wird, da es ein Prozess ist. Die neue Sichtweise wird zu euer Erleuchtung beitragen, denn auch in diesem Bereich wird sich der Aspekt des „Wir" verstärken. „Wir" als Einheit der beiden Komponenten Seele und Körper, aber auch „Wir" als Einheit mit einem anderen Körper und einer anderen Seele. Dadurch wird viel Leid wegfallen, das in der Vergangenheit durch eure durchaus egoistischen Sicht- und Verhaltensweisen entstanden ist.

Wir beobachten euer Verhalten in Bezug auf Sexualität schon seit langer Zeit und begrüßen die Veränderungen, die kommen werden. Es ist euch nicht angemessen, andere Lebewesen für eure sexuellen Vergnügungen zu missbrauchen. Nun gut – ihr wolltet diese Erfahrungen machen und habt die Gelegenheit bekommen, auch diese, eure dunkle Seite zu erfahren. Jedoch das große Leid der wunderbaren Seelen, die sich für euren Missbrauch zur Verfügung gestellt haben, hallte im Universum. Das unsägliche Leid der zerbrochenen Wesen, die das Resultat des Missbrauchs waren. Oft bedurfte es großer Arbeit von unserer Seite aus, um diesen Seelen nach ihrer Rückkehr in die Geistige Welt zu helfen und die entstandenen Wunden zu heilen. Es wird noch eine Weile dauern, bis diese Dinge endgültig vom Antlitz der Erde verschwunden sind, jedoch der Tag naht.

Ein weiterer Aspekt der Neuen Zeit wird sein, dass ihr wieder lernt, mit eurem Körper zu kommunizieren. Er wird euch sagen was er braucht. Das tut er immer – neu ist jedoch, dass ihr ihn wieder hören könnt. Viele Menschen gehen nicht gut mit ihrem Körper um und missbrauchen ihn auf die eine oder andere Art. Vollkommene Integration von Seele und Körper bedeutet, dass der Körper nichts tut, was der Seele schadet, und umgekehrt. Nach wie vor ist es Seelen freigestellt, die Erfahrung von Krankheit oder körperlicher Behinderung zu machen, so sie dieses wollen. Aber: IHR WERDET ES WISSEN! Das ist ein großer Unterschied zu heute. Es bedeutet, dass ihr die gewählte Erfahrung machen und trotzdem mit der jeweiligen Gegebenheit in Frieden sein könnt. Auch werdet ihr in der Lage sein, diese Erfahrung zu jedem von euch gewählten Zeitpunkt zu beenden. Derzeit hat es für euch den Anschein, dass eure Krankheiten euch „im Griff" haben. Das ist eine Illusion, die ihr in der Neuen Zelt aufrechterhalten könnt, oder auch nicht. Ihr konntet es zu allen Zeiten, nur war es euch nicht bewusst. Insofern hattet ihr, vordergründig betrachtet, keine Wahl, weil ihr nicht WUSSTET, dass ihr eine Wahl hattet. Und so habt ihr euch oft in euren Krankheiten, in den von _euch_ erschaffenen Disharmonien, verloren. Ihr wart verzweifelt, weil ihr nicht WUSSTET, dass ihr eine Wahl hattet.

Wir möchten es einmal mit dem Bild eines professionellen Autofahrers vergleichen. Er weiß, dass sein Auto ein Gefährt ist. Trotzdem liebt er sein Auto und wird alles dafür tun, dass es seinem Auto gut geht. Sein Auto wiederum steht ihm bedingungslos zur Verfügung und tut alles, was er ihm befiehlt. Es bringt ihn an jeden Ort, zu dem er fahren will. In unserem Fall handelt es sich um ein modernes Auto, das ihn auf Wunsch wärmt oder kühlt, wenn es ihm zu heiß ist. Es ist jederzeit abrufbereit und steht ihm zu Diensten. Und es teilt ihm mit, wenn es etwas braucht. Es gibt Signale, die ihm sagen, wann es Energie braucht, Wasser, eine neue Lampe usw. Es hat einen Bordcomputer, der eine Kommunikationsschnittstelle zwischen Auto und Fahrer bildet.

Genauso wird sich euer Verhältnis zu eurem Körper entwickeln, was euch verstärkt mit Freude erfüllen wird, da ihr in abnehmendem Maße mit eurer Körperlichkeit und eurem Körper kämpfen werdet. Derzeit herrscht in diesem Bereich verstärkt Konfusion, die durch die Anhebung eurer Energie hervorgerufen wird. Auch die Energie eures Körpers verändert sich, was zur Folge hat, dass euer Körper in vielen Bereichen nicht mehr so reagiert, wie ihr es bislang gewohnt wart.

Helios
Man könnte es ein „Aufräumen" nennen. Alte Energien, die sich bis auf die Molekularebene manifestiert haben, werden in gewisser Weise „rausgeschmissen", was

nicht selten mit verstärktem Auftreten von Krankheiten und Beschwerden einhergeht. Es ist, als ob mit einer Zange etwas entfernt wird, was festsitzt. Wenn ihr mit Mutter Gaia in die nächste Dimension wechselt, müssen diese Energien verabschiedet sein. Wir bitten euch deshalb, nicht in Panik zu verfallen, wenn bei euch vermehrt Beschwerden auftreten. Es ist nichts anderes als ein Loslassen des Alten. Versucht, in der Ruhe zu bleiben und wisset, dass es vorübergeht. Gestattet den Dingen, von euch zu gehen. Euer Körper muss seine Energien erhöhen, damit er den Aufstieg mit euch gemeinsam machen kann. Im Sinne der Integration ist es notwendig, dass ihr nicht nur euch, sondern auch euren Körper verändert. Er wird die alten Energien nicht in einer Geschwindigkeit und in einem Ausmaß gehen lassen, die er nicht bewältigen kann. Vertraut der ihm innewohnenden Weisheit und geht nicht in ein Leidensbewusstsein hinein, dieses ist nicht angebracht und würde den Prozess nur unnötig blockieren. Wir geben euch das Wissen, das ihr benötigt, um zu verstehen, was mit euch geschieht. Dieses Wissen hilft euch, keine Blockaden oder Widerstand aufzubauen. Wir bitten euch, euch daran zu erinnern, wenn ihr das Gefühl habt, dass es euch körperlich schlecht geht.

Ihr werdet zeitweise auch das Gefühl haben, dass euer Energieniveau sinkt, was aber nur vorübergehend ist. Dies geschieht deshalb, weil alte Energien gehen und, bildlich gesprochen, der Raum anschließend von neuen Energien gefüllt wird. In dieser Übergangsphase erscheint euch euer Körper energielos, da der Wechsel für ihn in diesem Ausmaß ungewohnt ist. Bleibt in der Ruhe und in der Geduld, es wird sich ändern. Gestattet den Frequenzen, sich zu ändern.

Euer Körper wird sich insgesamt verändern. Dies bedeutet eine Beschleunigung der chemischen Vorgänge, wie zum Beispiel der Verdauung. Es ist wichtig für euch, dieses zu wissen, denn daher rührt zum Teil euer Übergewicht, das derzeit weit verbreitet ist. Die Verdauung beschleunigt sich, was heißt, dass euer Magen schneller als früher leer ist, er beginnt früher zu „knurren" und Leere zu signalisieren. Dieses wird von euch falsch verstanden und führt dazu, dass ihr mehr Nahrung zu euch nehmt. Sicherlich ist euch schon aufgefallen, dass es sich um ein weltweites und nicht um ein kulturelles Phänomen handelt. Ihr habt noch nicht gelernt, damit umzugehen, und daher empfehlen wir euch, öfter kleinere Mengen zu essen. Der Magen wird sich daran gewöhnen und sich umstellen, und in der Folge werdet ihr weniger Hungergefühle haben. Ebenso kann euch vermehrte körperliche Tätigkeit helfen, weil ihr dadurch den Verbrauch beschleunigt, denn eure Nahrung wird jetzt schneller verwertet.

Der Anstieg der Energien ist für euren Körper nicht einfach, da er nicht von Geburt an auf dieses Phänomen konditioniert ist. Auch gibt es bezüglich des Aufstiegs keine Erinnerungsgene, sprich Erinnerungen, die genetisch abgespeichert sind und auf die ihr zurückgreifen könntet. Ihr bemerkt ein zunehmendes körperliches Unbehagen, was anhalten wird, so lange eure Energien noch erhöht werden. Der Körper wehrt sich in gewisser Weise gegen ihm unbekannte Umstände, er kommt „durcheinander", was sich aber mit der Zeit legen wird. Lasst es zu und gestattet ihm, sich ab und zu unwohl zu fühlen. Er wird nicht zugrunde gehen, sondern sich lediglich umstellen, was seine Zeit braucht. Er weiß mit dieser Umstellung umzugehen, – auf seine Art und in der für ihn richtigen Geschwindigkeit. Ebenso wie ihr geht euer Körper durch einen Lernprozess. Gestattet ihm, es auf seine Art zu tun. Gestattet ihm auch, seine alten Energien aufzulösen und seine Krankheiten letztendlich gehen zu lassen. Auch er ist auf dem Weg in eine neue Dimension.

Auch werdet ihr vermehrt trinken, da sich die Ausscheidungen und Ausdünstungen ebenfalls beschleunigen. Euer gesamter Stoffwechsel beschleunigt sich, worüber ihr euch keine Sorgen machen müsst. Lasst es zu, es ist notwendig auf dem Weg in eine neue Dimension.

Anmerkung der Autorin: An dieser Stelle drängte sich mir eine Frage auf, die ich den Meistern dann stellte. Die Frage lautete: Wie wird der Körper in der neuen Dimension sein?

Hier die Antwort:
„Die Erde steigt zum ersten Mal auf. Aus diesem Grund sagen wir euch, wie es auf anderen vergleichbaren Pla-

neten aussieht. Die Körper sind dort weniger dicht, filigraner, durchscheinender, schwebender. Die Gravitation ist weniger gering. Sie „kleben" nicht so sehr am Boden und können zum Beispiel mit weniger Kraftanstrengung höher und weiter springen, alles ist insgesamt leichter und hat weniger Masse. Deshalb ist die Kommunikation mit anderen Ebenen leichter, weil eine Frequenzerhöhung, und sei es auch eine vorübergehende, einfacher und schneller geht. Zeit ist schneller. Alles ist schneller, auch der Körper. Es wird auf der Erde noch einige Zeit in Anspruch nehmen, denn der Wandel muss in einer euch verträglichen Geschwindigkeit geschehen.

Ihr kommt aus einem Zustand sehr großer Dichte und Schwere. Würde Gaia gemeinsam mit euch den Wandel zu schnell vollziehen, könnte es sein, dass sich eure Materie wie in einer Explosion auflöst. Dies ist jedoch nicht vorgesehen. Fast alle von euch werden diesen Zustand nach dem Wandel nicht mehr erleben, aber ihr seid die Pioniere des Wandels. Ihr seid starke Seelen, und eure Stärke befähigt euch, den Wandel durchzustehen. Nicht allen Seelen wurde es ermöglicht, in dieser Zeit zu inkarnieren, denn es wurden Seelen benötigt, die während der unruhigen Zeiten des Wandels nicht verzweifeln, die durchhalten und sich nicht vorzeitig von der Erde verabschieden. Seelen, denen eine gewisse Zähigkeit zu eigen ist, die eine große Liebe zu Gaia verspüren und bereit sind, den Weg mit ihr zu gehen. In gewisser Weise tut ihr das alle, auch wenn es nicht immer den Anschein haben mag. Die

Seelen, die noch in alten Systemen und Machtstrukturen verhaftet sind, wussten vor ihrer jetzigen Inkarnation, dass diese ihre Systeme zusammenbrechen würden. Es ist für sie eine große Chance, damit die alten Systeme auch in ihnen und ihren Denkstrukturen zusammenbrechen können.

Machtsysteme gibt es auf der Erde schon sehr lange, viele Seelen haben sich im Laufe ihrer Inkarnationen fest damit verhaftet. Der Wechsel in die Fünfte Dimension, der damit verbundene Wandel und das Zusammenbrechen der alten Strukturen, kann sie erlösen. Deshalb haben sie sich bereit erklärt, den Wandel mitzumachen. Bitte verurteilt sie nicht, es sind großartige und tapfere Seelen, die bereits einen langen und schwierigen Weg gegangen sind. Sie wird der Wandel am meisten treffen, weil sie noch in alten Strukturen verhaftet sind. Ihre Welt muss erst zusammenbrechen, dann haben sie die Chance, ins Verständnis zu kommen. Es geht nicht darum, Mitleid mit ihnen zu haben, das ist nicht angebracht. Habt Mitgefühl, denn für sie wird der Weg am schwersten sein. (Ende der Anmerkung)"

Es ändert sich die Körperlichkeit selbst, die chemischen und physikalischen Vorgänge euer materiellen Ebene, und somit auch eures Körpers. Wie bereits erwähnt, wird sich auch die Einstellung zu eurem Körper ändern beziehungsweise euer Verständnis für ihn, denn ihr werdet verständnisvoller für die wahren Zusammenhänge. Ihr sprecht gerne von einem Bild des Schleiers – wenn wir bei diesem Bild bleiben, können wir sagen, dass auch er dünner, weniger massiv wird. Insgesamt seid ihr auf einem Weg hin zu mehr Freude, tieferem inneren Frieden, vermehrter Ausgeglichenheit, Weisheit und vermehrter Kommunikation außerhalb der Grenzen eures bisherigen Seins.

Wir möchten euch an dieser Stelle ermutigen, nach vorne zu schauen. Nicht nach vorne auf die unmittelbar bevorstehenden, euch schwierig erscheinenden Zeiten. Nein, weiter nach vorne – in die nächste Dimension, das nächste Zeitalter. Denn dieses ist unmittelbar vor eurer Haustür. Seid stolz auf euch, weil ihr den Mut hattet, diesen Weg mitzugehen. Wie sagt ihr so schön: Augen zu und durch. Haltet die Augen jedoch offen, wann immer ihr könnt. Es ist eine großartige Lernerfahrung, die eure Seele bereichern wird. Eure neue Körperlichkeit in der Zukunft wird einfacher für euch sein. Es wird weniger körperliche Disharmonien geben, weniger Anstrengung, da alles, auch der Körper, leichter zu bewegen sein wird. Ihr werdet neue „Antennen" für den Zugriff auf kosmisches Wissen haben, und es wird auf dem neuen Planeten nicht mehr möglich sein, in Zeiten der "tiefen Dunkelheit" zu verfallen.

Von unserer Seite aus wird der Planet Erde unter besonderen Schutz gestellt, damit ihm und seinen Bewohnern nicht mehr widerfährt, was bereits einmal geschehen ist. Wir werden dieses Juwel im All beschützen, so lange es und seine Bewohner es wollen. Ihr werdet in der Zu-

kunft die Möglichkeit haben, eure Körperlichkeit weiterzuentwickeln und zu verfeinern, sie auf höhere Entwicklungs-
stufen zu bringen. Dazu wird wesentlich weniger „Zeit"
erforderlich sein als bisher, da die Erde ein neues Zeitfenster mit anderen Qualitäten und Ausprägungen erhält.
Der Zustand der Körperlichkeit wird für euch erleichtert,
da die materiellen Gegebenheiten weniger fest, weniger
dicht sein werden. Es wird für eine Seele einfacher sein,
sich mit dem irdischen Körper zu vereinen, da der Weg in
die Materie weniger beschwerlich ist. Ihr müsst euch nicht
mehr so sehr verdichten, so sehr „einengen". Insgesamt
wird euer Leben mehr Leichtigkeit und Transparenz haben, und es wird euch wieder mehr Freude bereiten, in die
Körperlichkeit zu gehen. Es wird euch leichterfallen, die
Schönheit dieses wunderbaren Planeten wahrzunehmen
und die wahrliche Lebensvielfalt auf ihm zu genießen. Mit
Leichtigkeit werdet ihr euren Körper bewohnen und in ihm
wandeln und handeln.

Kinder in der Neuen Zeit

Die Kinder, die jetzt auf die Welt kommen, werden es in gewisser Weise leichter haben als ihr, da sich die Energien bereits verändert haben. Sie kommen nicht in einem Körper der Alten Energie zur Welt, der sich mühsam in die Neue Energie bewegen muss. Ebenso werden sie bewusster sein, als ihr es wart, denn der Schleier ist für sie von Anbeginn dünner. Ihre körperliche Entwicklung hin zum Erwachsenen wird schneller vonstatten gehen, da sich die Zeit beschleunigt. Allerdings bedeutet das nicht, dass sich der Alterungsprozess ebenfalls beschleunigt. Die Menschheit wird, längerfristig gesehen, wieder lernen, das Altern zu „vergessen", sich diesbezüglich zu de-programmieren. Ihr werdet die Illusion des Alterns durchschauen und auflösen können. Da die Programmierung des Alterns fest in eurem Massenbewusstsein und als Programm in euren Genen verhaftet ist, wird dieses jedoch noch einige Zeit in Anspruch nehmen.

Doch nun zurück zu den Kindern. Da sie bereits in einer Neuen Energie mit ganz anderen Möglichkeiten auf die Erde kommen, werden sie es sein, die wesentlich zum Aufbau der neuen Welt beitragen werden, denn sie sind nicht im gleichen Maße wie ihr mit Altlasten belastet. Sie werden die alten Systeme nicht mehr akzeptieren können, weil sie sie durchschauen. Und sie werden in sich bereits das Wissen um das Neue tragen. Eure Aufgabe war es, den Übergang zu erschaffen und zu ermöglichen. Die Aufgabe eurer Kinder wird der Aufbau sein. Ihr habt geholfen, dass der Phoenix zu Asche verbrennen konnte, die Kinder helfen bei seiner Auferstehung.

Die neue Welt wird nicht von einem Tag auf den anderen entstehen, es ist ein Prozess. Aus der kosmischen Perspektive betrachtet, dauert es eine Sekunde, aus der irdischen Perspektive viele Jahre, selbst in der Neuen Energie mit der beschleunigten Zeitqualität.

Es ist ein Anliegen der Kinder, die bald geboren werden, das Ansehen der Kinder in der Welt zu verändern. Im alten System wurden und werden Kinder immer noch missbraucht, verachtet, verkauft, jedes erdenkliche Leid wird ihnen zugefügt. Wir sagen dies ohne Wertung, denn es war die freie Wahl dieser Seelen. Oft konnten die Seelen sich jedoch nicht wirklich vorstellen, auf welche Qualen sie sich einließen, und oft war der Schaden so groß, dass es für uns eines großen Aufwands bedurfte, um den zurückkehrenden Seelen zu helfen. Doch dieses wird sich auf der Erde ändern, denn Kinder werden im Laufe der neuen Entwicklung wieder mehr zu gleichberechtigten Erdenbewohnern. Es wird für alle in zunehmendem Maße transparenter werden, welch wertvollen Beitrag Kinderseelen auf der Erde leisten. Sie werden nicht mehr als unwissend, schwach und hilflos angesehen werden.

Mit zunehmender Bewusstwerdung wird die Menschheit wieder ihre Unschuld und Unbefangenheit zu schätzen lernen. Sie werden einen anderen Stellenwert bekommen, der weniger von egoistischen Motiven ihrer Eltern geprägt sein wird. Die Kinder der Neuen Zeit werden gleichsam nachdenklicher und unbeschwerter erscheinen, auch wenn dies zunächst wie ein Widerspruch erscheinen mag. Sie werden wissender sein und in natürlichem Kontakt zur Natur und zu ihren Sternengeschwistern stehen. Sie werden über die Fähigkeiten der Hellsichtigkeit, Hellhörigkeit und des Hellfühlens verfügen und es verstehen, diese zu bewahren. Sie werden in der Lage sein, den Zustand der Kindlichkeit zu genießen und auszukosten, denn Kindsein kann mit sehr viel Freude verbunden sein. Es ist schön zu lernen, zu leben, ohne schon die Last der Verantwortung tragen zu müssen. Und so sollte es sein. Die Eltern der Neuen Zeit werden ihren Kindern dieses wieder ermöglichen.

Es wird weiterhin Schulen geben, aber die Schulsysteme werden eine grundlegende Wandlung erfahren. Die alten Schulsysteme werden weder Kindern noch Seelen gerecht. Sie dienen dazu, Menschen darauf vorzubereiten, Teile eines Machtsystems zu werden. Ihr wisst bereits um die alten Schulen der Weisheit. Dieses andere Wertesystem wird nach und nach Einzug in eure Schulsysteme halten. Hierzu bedarf es allerdings noch einiger „Rebellion". Die Kinder der Neuen Zeit werden die Kraft in sich tragen, diese Rebellion stattfinden zu lassen. Auch hier möchten wir darauf hinweisen, dass dies nicht von einem Tag auf den anderen geschehen wird. Der „Zustand" des

Kindseins wird in ein völlig neues Bewusstsein rücken. Es wird nicht mehr auf Kinder „hinabgeschaut" werden. Die Bewusstheit über „Kindsein" wird mit jeder Generation weiter wachsen, was uns mit großer Freude erfüllt. Kinder werden in der Zukunft nicht mehr leiden müssen, noch nicht in der nahen Zukunft, jedoch auch nicht erst in der fernen Zukunft. Sie werden im Rahmen ihrer Möglichkeiten gleichberechtigte Mitglieder einer Gesellschaft sein. Sie werden wieder geachtet werden.

Wenn eure Kinder in die „Rebellion" gehen, nicht im System „spuren" wollen, bitten wir euch, an unsere Worte zu denken. Sie sind es, die die neue Welt erschaffen werden. Dazu ist es notwendig, dass sie sich nicht in die alte Welt „einfügen". Verschafft ihnen den Freiraum, den sie brauchen, um etwas Neues zu erschaffen. Gestattet ihnen ihre eigene Meinung! Hinterfragt nicht nur ihre Meinung, sondern auch eure! Stellt euch die Frage: Welche der Meinungen trägt zur Erschaffung einer besseren Welt bei? Habt den Mut, eure aufzugeben, wenn sie es nicht ist, die zur Erschaffung einer besseren Welt beiträgt. Gestattet euren Kindern, ihre Weisheit einzubringen. Kanzelt sie nicht ab, nur weil sie Kinder sind. Es könnte in der Tat sein, dass sie ein euch noch unbekanntes Wissen in sich tragen. Untergrabt nicht ihre Fähigkeiten, auch wenn euch diese manchmal unheimlich anmuten mögen. Erzieht sie nicht, sondern gebt ihnen das mit, was ihr wisst, lasst sie an eurem Erfahrungsschatz teilhaben, und lasst ihnen ihr Wissen. Sie werden es euch danken.

Lasst sie ihre Freude leben. Habt ihr schon einmal beobachtet, wie sehr Kinder lachen können? Lernt wieder
zu lachen wie die Kinder. Eurer Lachen wird im Kosmos
auf Resonanz stoßen. Lachen ist ansteckend, auch über
die Dimensionen hinaus. Lacht mit euren Kindern, und der
Kosmos wird mit euch lachen.

Inkarnieren in der Neuen Zeit

Auf der Erde zu inkarnieren wird in der Neuen Zeit einfacher sein, denn die Erde wird nicht mehr von ihrer Heimatgalaxie abgeschnitten, beziehungsweise abgeschirmt sein, wie es seit langem der Fall war. Die Heimatgalaxie ist schon vor langer Zeit in die Fünfte Dimension aufgestiegen und wird bald in die nächste Dimension gehen. Die Erde MUSS jetzt in die Fünfte Dimension wechseln, damit sie den weiteren Aufstieg zusammen mit ihrer Heimatgalaxie machen kann. Deshalb sind die Prozesse, die derzeit auf der Erde ablaufen, nicht mehr aufzuhalten. Dies würde keinen Sinn machen und wäre wahrhaft zerstörerisch.

Was bedeutet es für Seelen, auf einer Erde zu inkarnieren, die sich in die nächsthöhere Dimension entwickelt hat? Es bedeutet ein erweitertes Bewusstsein seit Anbeginn der Inkarnation, der Geburt. Es wird weiterhin so sein, dass eine Inkarnation mit der Geburt beginnt. Da die irdische Materie beziehungsweise der Planet selbst weniger in der Dichte, die Magnetgitterstruktur sozusagen durchlässiger ist, werden die Seelen mit einem höheren Bewusstsein inkarnieren können. Anders ausgedrückt: Ihr werdet weniger vergessen, wenn ihr von der Geistigen Welt in die Materie geht. Ebenso werdet ihr vielmehr als derzeit mit der Geistigen Welt in Verbindung stehen. Fähigkeiten wie Hellsehen, Hellhören, Hellfühlen, Telepathie, sich mit dem Geist an jeden beliebigen Ort begeben, an mehreren Orten gleichzeitig mit dem Geist agieren – dies alles wird natürlich und selbstverständlich sein. Ihr werdet wieder in der Lage sein, in Kontakt mit eurem Schöpfer, in Kontakt mit anderen Welten zu sein. Eure reine Geisteskraft kann wieder gelebt und erfahren werden.

Dies wird das Leben auf der Erde sehr erleichtern. Ihr werdet euch nicht mehr einsam und abgeschnitten fühlen, sondern wieder wissen, wie es ist, bewusst sein Leben zu erschaffen, bewusst seinen Körper zu steuern. Bewusstsein und Unterbewusstsein werden nicht mehr so abgetrennt voneinander sein, denn das ist eine Illusion. Ihr werdet EIN Bewusstsein und ein ganz anderes Verhältnis zueinander haben, da eine neue Art der Verbundenheit entstehen wird. Zudem werdet ihr in der Lage sein, euer Gegenüber sehr schnell in seiner Gesamtheit zu erfassen und einander nicht mehr so fremd sein. Es wird eine große höhere „Gesamtschwingung" der Menschheit entstehen.

Schon zu Lebzeiten werdet ihr wissen, wer ihr wirklich seid, wer der andere ist und warum ihr aufeinandergetroffen seid. Ihr werdet ein viel größeres Verständnis für euer Dasein auf der Erde und den Zustand dieses Daseins in der Materie haben. Es ist schwierig, dies zu beschreiben, da es erfahren und gefühlt werden muss. Ihr werdet den Weg finden zu Frieden, Harmonie und Ausgeglichenheit und aufhören, andere Menschen ständig ab- und auszugrenzen. Ebenso werden die anderen natürlich euch nicht mehr ab- und ausgrenzen.

Ihr werdet auf Erden euer gesamtes Potenzial leben können, nicht nur einen Teil davon. Das klingt wie das Paradies – und es wird eins sein, denn ihr werdet andere Lebensformen, Tiere und Pflanzen achten und respektieren, auf eine ganz natürliche Art und Weise, weil ihr auch sie in ihrem Sein erfassen und verstehen könnt. Ihr werdet in Harmonie mit der Erde und all ihren Geschöpfen leben, und es wird euch möglich sein, einen größeren Anteil eurer Seelenenergie auf die Erde zu bringen. Vorher wart ihr zu sehr im Vergessen, die Gefahr für die Seele, sich in der Materie zu verlieren, war zu groß. Dies wird jetzt nicht mehr so sein. Man könnte es so beschreiben: Die inkarnierten Seelen werden größer und heller scheinen. Dies soll in keinster Weise als Wertung der Vergangenheit verstanden werden. Alle Seelen, die oft in dunklen Zeiten auf der Erde inkarnierten, werden dafür in höchstem Maße respektiert und geachtet. Es war eine der schwierigsten Erfahrungen im gesamten Universum: eure Schule, aus der ihr als Meister hervorgehen werdet. Viele von euch werden an anderen Stellen des Kosmos davon berichten und andere Seelen unterrichten. Ihr habt einen sehr wertvollen Beitrag geleistet und euch hervorragend bewährt. Viele schlimme Erfahrungen habt ihr durchgestanden, nur um die Erfahrung bekanntzumachen, und ihr habt euch auf große Schmerzen eingelassen, um zu lernen und zu wachsen.

Mutter Gaia ist ebenfalls eine sehr mutige Seele, die große Hochachtung verdient. Auch sie hat viele schmerzhafte Erfahrungen durchgestanden. Es war für sie nicht immer einfach, das Leiden ihrer Bewohner anzusehen. Jedoch hat es zu allen Zeiten auch immer viel Schönes und viel Freude gegeben. Auch dies wurde gesehen. Die Erde ist ein wahrhaft schöner Planet mit seiner unglaublichen Vielfalt und Vielgesichtigkeit. Ihr werdet dies wieder mehr zu schätzen wissen und die Erde wahrhaft genießen können. Es werden wieder Meister auf dem Antlitz der Erde wandeln – Meister über die Materie, Meister des Seins, Meister der Erkenntnis, Meister der Bewusstheit. Es wird noch eine Weile dauern, bis ihr wieder in der Lage sein werdet, einen Körper zu haben, ohne durch den Geburtskanal gehen zu müssen. Alle Entwicklungen, die wir hier ansprechen, werden eine Weile brauchen. Die Mensch-Seelen werden wieder im vollen Besitz ihrer Kräfte und Fähigkeiten sein. Sie werden wieder, wie es vor langer Zeit bereits einmal war, inkarnieren, um die Materie in Freude und Liebe zu erforschen.

Wir bitten euch, euch bei Gaia für alles, was sie euch in großer Liebe ermöglicht hat, zu bedanken. Auch und gerade die dunklen Zeiten. Sie hat alle Erfahrungen mit euch gemeinsam durchgestanden, nie ihr Antlitz von euch abgewandt, egal, wie groß ihre eigenen Schmerzen manchmal waren. Ehrt sie als die große Seele, die sie ist. Wir freuen uns darauf zu sehen, wie der Garten Eden wieder erstehen wird, denn das war die Erde vor langer Zeit: ein wunderschöner Garten mit erhabenen Wesenheiten, die in ihm wandelten und lernten.

Noch mag euch dies vielleicht unwahrscheinlich oder als Fantasterei erscheinen, doch es wird kommen. Das Leben in der neuen Erdenzeit wird sich neu und anders gestalten. Viele Seelen werden dies erleben wollen, auch viele „alte" Seelen, die schon lange auf der Erde wandeln. Ihr werdet irgendwann wiederkommen wollen, um die Früchte eurer Arbeit bestaunen zu können, und ihr werdet stolz auf euch sein. Es wird euch eine Freude sein, in Leichtigkeit auf der Erde zu inkarnieren, wunderschöne Leben in wunderschönen Körpern zu planen und zu leben. Die Illusion des Todes wird von euch abfallen, denn ihr werdet, so, wie es vor langer Zeit schon einmal möglich war, entscheiden, wie lange ihr in einem Körper bleibt. Viele von euch werden noch einmal herkommen. Ihr, die ihr schon lange Erdenbewohner seid, werdet bevorzugt sein bei der Möglichkeit einer Inkarnation in der neuen schönen Zeit. Ihr habt es euch wahrlich verdient, dieses zu erleben.

Die verschiedenen Dimensionen

Ihr habt euch auf der Erde in der Dritten/Vierten Dimension bewegt. Wir möchten euch von den nächsthöheren Dimensionen erzählen, damit ihr ein Bild davon bekommt. In Teilen sind wir bereits auf die Fünfte Dimension eingegangen. Ihr wisst, dass es jederzeit möglich ist, von einer höheren in eine niedrigere Dimension und wieder zurück zu wechseln. Anders herum geht das nicht.

Der erstmalige Wechsel in eine höhere Dimension gestaltet sich vielfacher und langwieriger. Ihr werdet erst dann in eine höhere Dimension wechseln, wenn ihr die Erfahrungen eurer letzten Dimension abgeschlossen habt. Das bedeutet, dass ihr bewusster geworden seid. Je höher die Dimension, umso weniger ausgeprägt die Individualität. Die Erfahrungen der Individualität, so, wie sie sich in eurer Dimension gestalten, sind die intensivsten. Nirgendwo ist Erleben so intensiv wie in der Materie. Denn hier ist die Individualität, und somit auch das individuelle Erleben und Erspüren, am ausgeprägtesten.

Lasst uns das anhand der nächsthöheren Dimensionen betrachten. Wir haben bereits erklärt, dass ihr in der Fünften Dimension ein verstärktes „Wir-Gefühl" haben und euch weniger getrennt von anderen empfinden werdet. Dies wird für euch zunächst ein zweischneidiges Schwert sein, denn ihr werdet euch in Freude, aber auch in Nicht-Freude verbunden und weniger abgetrennt erleben. Das ist für die meisten von euch ungewohnt, und es kann sein, dass ihr zunächst Angst bekommt. Es wird euch so vorkommen, als ob die Grenzen des „Ichs" weniger klar definiert sind, was euch aber keine Angst machen muss. Bedenkt, dass dies mit einer größeren Bewusstheit einhergeht. Euer Leben wird mit mehr Freude erfüllt sein, da ihr die Erfahrungen der dichtesten Materie bereits hinter euch gelassen habt. In der dichtesten Materie werden die meisten Erfahrungen erlebt, und ihr wisst, dass diese dort sehr oft mit Schmerz und Leid verbunden sind.

Die Fünfte Dimension ist in jeder Hinsicht „leichter". Die Erfahrungen und die Emotionalität sind weniger intensiv als zuvor. Wir bitten euch, dies nicht in dem Sinn zu verstehen, dass die Liebe nachlassen wird, dem ist keinesfalls so. Sie bekommt eine andere Qualität. Auch sie wird leichter, unbeschwerter, unbelasteter von dichten Erfahrungen. Ihr könnt nach wie vor auch in der Fünften Dimension jede Erfahrung machen, die ihr machen möchtet. Viele Erfahrungen, die ihr in der Dritten/Vierten Dimension bereits gemacht habt, werdet ihr jedoch aufgrund eures erweiterten Bewusstseins, und damit eures tieferen Verständnisses, nicht mehr wiederholen wollen.

Gleichzeitig werden sich euch neue Erfahrungen eröffnen, die auf diese Art und Weise im dichten „Ich" nicht möglich waren. Noch seid ihr sehr voneinander getrennt, denn jeder von euch muss den Wechsel von der Dritten/Vierten Dimension alleine vollbringen. Was bedeutet es, neue Erfahrungen in der Fünften Dimension machen zu können? Es bedeutet mehr Frieden, mehr Zusammengehörigkeit, mehr bedingungsloses Akzeptieren und mehr Liebe füreinander. Wir möchten nicht sagen, dass es in eurer alten Dimension keine Liebe gibt, denn dem ist nicht so, doch ihr werdet euch der Liebe bewusster sein und sie gleichzeitig weniger intensiv, weniger dicht empfinden. Auch sie wird nicht mehr so „abgegrenzt" erscheinen und weniger „punktuell" auf Individuen ausgerichtet sein. Das ist kein Verlust, nur eine andere Art der Ausprägung ein- und desselben – eine andere, ebenso schöne Schattierung der gleichen Farbe. Dennoch bleibt die wunderschöne Farbe, sie zeigt sich lediglich in einer anderen Facette.

Und so wird es mit all euren Emotionen sein. Ihr könnt nach wie vor das ganze emotionale Spektrum erleben. Viele Emotionen der Dichte werdet ihr jedoch nicht mehr wollen, ebenso, wie ihr viele Erfahrungen nicht mehr wollt. Das Leben wird gleichmäßiger, dafür aber in gewisser Weise ausgedehnter. Es ist nicht einfach, dieses mit Worten auszudrücken. Wenn ihr in die Stille geht, ist es euch jedoch möglich, euch in der Meditation bereits in diese neue Welt einzufühlen. Ihr könnt sozusagen, wenn ihr es wollt, bereits einen Eindruck bekommen. Der Wechsel wird einige Zeit in Anspruch nehmen und schrittweise vonstatten gehen.

Und es ist notwendig, den Weg gemeinsam mit Gaia beziehungsweise eurem Planeten zu gehen. Die Gesellschaft wird sich gegebenermaßen ebenfalls verändern, denn eure alten Gesellschaften und Zivilisationen wurden in dem alten Bewusstsein erschaffen.

Was bedeutet es, wenn neue Gesellschaften in einem neuen, größeren Bewusstsein erschaffen werden? Ihr werdet wieder lernen, auf euren Planeten und ALLE seine Bewohner zu achten. Ihr werdet das Leben in erweitertem Maß zu schätzen wissen. Ihr werdet dafür sorgen, dass Harmonie entstehen kann. Ihr werdet damit aufhören, euren Körper und eure Seelen krank zu machen. Ihr werdet nicht mehr bestrebt sein, anderen zu schaden und sie zu unterjochen. Ihr werdet insgesamt mehr Verantwortung übernehmen, im Kleinen, wie im Großen. Wir bitten euch, euch in diesem Zusammenhang nicht für das „Alte" zu verdammen, denn das wäre nicht angebracht. Die alte Welt war angemessen und eine gewollte Erfahrung, sie hat eure Seele sozusagen nach vorne katapultiert. Alle von euch gemachten Erfahrungen haben in großem Ausmaß zu eurem Wachstum und Verständnis beigetragen. Es ist und war alles so, wie es sein sollte, zu jeder Zeit.

Auch in der Fünften Dimension wird es Prüfungen, Lernerfahrungen und Wachstum für euch geben, denn sie ist noch nicht das Ende eures Weges. Die Erfahrungen und Prüfungen werden in gewisser Weise subtiler sein, weniger „dicht", doch auch in der Fünften Dimension geht es um die Erweiterung des Bewusstseins. Da ihr mehr Verantwortung übernehmen werdet, könnt ihr gleichermaßen auch mehr Verantwortung zugeteilt bekommen. Der Verantwortungsbereich einer Seele wächst mit jeder Dimension immer mehr. So kann es sein, dass ihr für andere Seelen als Führer zuständig sein werdet, sie begleitet und unterrichtet. Viele von euch werden Seelen zur Seite stehen, die sich in der Dritten/Vierten Dimension bewegen. Ihr könnt ihnen helfen, dass auch sie sich weiterentwickeln. Auch werdet ihr einander sehr stark bei der Weiterentwicklung behilflich sein. Seelen, die sich in der neuen Dimension schneller entwickeln als andere, werden letzteren liebevoll und hilfreich zur Seite stehen. So wird es möglich sein, den Sprung in die Sechste/Siebte Dimension in einer angemessen Zeit zu schaffen.

Die Zeit in der Fünften Dimension ist ebenfalls weniger dicht. Wie ist das zu verstehen? Ihr werdet lernen, eure eigene Zeitqualität zu verändern, die Zeit in gewisser Weise zu manipulieren, so, wie ihr es braucht. Man könnte es so ausdrücken, dass ihr weniger dem scheinbaren Diktat der Zeit unterliegt. Ihr werdet lernen, sie quasi auszudehnen oder zu beschleunigen. Man könnte es so sagen, dass der zeitliche „Spielraum" größer wird. Die Illusion der Zeit wird weniger dicht sein, und ihr werdet euch weniger gehetzt fühlen. Die Zeit wird jeweils die Qualität haben, die ihr gerade braucht. Das ist für euch jetzt noch schwer zu begreifen, manche von euch beginnen jedoch jetzt bereits damit, die neue Zeitqualität zu erfassen. Momentan beschleunigt sich das Zeitempfinden für euch, die Jahre scheinen nur so vorbeizufliegen.

Stellt euch einmal Folgendes vor: Die Jahre fliegen nach wie vor, oder vielleicht sogar noch schneller, vorbei, aber ihr habt mehr Jahre als zuvor zur Verfügung. Das bedeutet in letzter Konsequenz, dass ihr mehr „erledigen", euch aber gleichzeitig „Zeit lassen" könnt.

Zeit – eine Illusion, die geschaffen wurde, um Erfahrungen machen zu können. Die göttliche Quelle – der Schöpfer – hat keine Zeit. Er ist einfach. Ihr, die göttlichen Anteile, die sich auf den Weg gemacht haben, um Erfahrungen zu sammeln, ihr habt die Zeit erschaffen. Sie ermöglicht es euch, bestimmte Erfahrungen an bestimmten Orten zu machen. Zeit ist ein Paradoxon – es gibt sie, und doch gibt es sie nicht. Ihr messt sie. Dies tut ihr in dem Versuch, sie zu fassen, zu kontrollieren, festzuhalten. Ihr habt sie erschaffen, und doch habt ihr Schwierigkeiten damit, sie gehen zu sehen. Das liegt daran, dass ihr sie ständig gehen, aber nie kommen seht. Ihr könnt nur nach hinten schauen, nicht nach vorne. Wenn ihr nach hinten schaut, wisst ihr mit Gewissheit, was mit der Zeit – in der Zeit – passiert ist. Nach vorne könnt ihr nur spekulieren.

In Wirklichkeit ist Zeit wie ein in sich geschlossener Kreis, nicht wie eine gerade Linie. Sie ist ein Kreis, in dem ihr euch so lange bewegt, wie ihr es wünscht. Nun – in der Fünften Dimension wird der Kreis größer. In jeder nächsthöheren Dimension wird er größer, wodurch der Spielraum größer wird. Und je größer der Kreis, umso unwichtiger wird er, da er weniger einengt. Stellt euch vor, für alles, was ihr in diesem Leben erleben und erledigen wollt, hättet ihr hunderte oder sogar tausende von Jahren Zeit. Wäre es dadurch langweiliger? Nun, vielleicht weniger intensiv, weniger dicht, entspannter. Wenn ihr aus der Geistigen Welt auf die Erde zurückgekehrt seid, habt ihr euch in einen sehr kleinen Kreis begeben.

Dieser Kreis ist gerade dabei, größer zu werden, was ein freieres Gefühl eures Seins bewirken wird. Bedeutet es, dass eure Uhren anders gehen werden? Nein. Bedeutet es, dass ihr länger leben werdet? Längerfristig betrachtet ja, wenn ihr es wünscht. Bedeutet es, dass ein Tag mehr als 24 Stunden hat? Nein. Es bedeutet, dass euer Spielraum für eure Minuten, Stunden, einen Tag größer wird. Der Spielraum dessen, was ihr innerhalb eurer Zeiteinheiten erledigen wollt und könnt. Er wird größer – allerdings nicht unendlich groß. Dies wird sich ausschließlich im persönlichen Erleben erfahren und spiegeln lassen. Ihr könnt eine Minute länger oder kürzer machen, eure persönliche Zeit wird elastischer wirken. Dies mag euch noch unmöglich erscheinen, doch bedenkt, dass Zeit in Wirklichkeit eine Illusion ist. Können Illusionen beliebig verändert werden? Absolut! Illusionen sind nur dann starre Gegebenheiten, wenn ihr es so wünscht.

Überlegt einmal Folgendes: Wie unterschiedlich ist für euch die Zeit, wenn ihr auf einen verspäteten Zug wartet oder frisch verliebt seid und euch mit dem Menschen eurer Liebe trefft. Sind in diesen beiden Situationen zehn

Minuten gleich schnell vorbei oder nicht? Zeit – eine Illusion als Rahmenbedingung für Erfahrungen und Gefühle innerhalb der Erfahrungen. Nun – die Fünfte Dimension hat andere Erfahrungen und somit auch eine andere Zeitillusion. Das wird sich schon sehr bald noch deutlicher zeigen, als es jetzt bereits der Fall ist. Die Zeit wird weniger starr, weniger gequetscht erscheinen. Ihr werdet mehr als bisher in der Lage sein, sie nach euren Bedürfnissen zurechtzubiegen. In eine so dichte Dimension wie die Dritte/ Vierte gehört auch eine dichte Zeit, ein enger Kreis sozusagen, denn das ist die dieser Dimension angemessene Erfahrung von Zeit.

Wird diese neue Zeitqualität das Leben auf der Erde durcheinanderbringen? Nein, denn eine Illusion kann dies nicht. Auch wenn jeder Mensch die Zeit anders empfinden wird, wird es nicht zu Chaos führen – jeder hat eben seine persönliche Illusion. Man könnte sagen: seine persönliche illusorische Empfindung. Ein Tag ist nach wie vor ein Tag. Für den einen ist er weniger lang, für den anderen mehr. Das war schon immer so, nur dass er jetzt noch länger oder kürzer als zuvor erscheinen kann. Ihr werdet es bemerken, da ihr noch in der alten Zeitqualität geboren wurdet. Ihr erlebt den Wandel und die neue Zeitqualität innerhalb einer Inkarnation.

Zunächst erscheint die Zeit beschleunigt, das ist die Zeitqualität des Wandels. Der Wandel geht auf Erden verhältnismäßig schnell für einen Planeten, was euch in gewisser Weise wie ein Druck erscheinen mag. Später wird die Zeit dehnbarer sein, und ihr könnt selbst entscheiden, ob ihr sie schneller oder langsamer haben wollt. Wenn der Wandel vollzogen ist, wird die Zeitqualität wieder mehr in sich zentriert sein. Wir möchten das am Bild einer rotierenden Kugel verdeutlichen. Bitte seht dieses Bild nicht als physikalisch richtige Gegebenheit, sondern lediglich als eine Metapher zur Verdeutlichung des Gesagten.

Stellt euch diese Kugel vor, die auf der Stelle rotiert. Dann kommt die Kugel in Bewegung und schießt nach vorne, rotiert aber immer noch. Das ist die Zeit des Wandels. Dann kommt sie wieder zum Stillstand, weiter rotierend, aber größer und flexibler geworden, weil sie auf dem Weg nach vorne an Dichte verloren hat und sich der Raum zwischen ihren atomaren und subatomaren Teilen, bildlich gesprochen, ausgedehnt hat. Im Prinzip ist es die gleiche Kugel, nur in einer anderen Erscheinungsform. Auch für den Planeten selbst gelten die hier beschriebenen Vorgänge, denn er befindet sich im selben „Zeitrahmen", da auch er seine Erfahrungen in den verschiedenen Dimensionen macht.

Was bedeutet für einen Planeten eine zunächst „beschleunigte" Zeit? Nun, er wird nicht aus seiner Bahn geworfen. Auch die Erde wird jetzt alle ihre Klärungsprozesse durchführen, die noch aus der Dritten/Vierten Dimension stammen. Sie wird dies sehr schnell tun, ebenso wie ihr. Das kann zu verstärkten Aktivitäten ihrer Elemente führen, was ihr in den nächsten Jahren erleben werdet. Es sind keine Katastrophen, sondern Klärungsprozesse. Sie wird dies stets im Einklang mit ihren Bewohnern tun, denn es ist nicht ihr Bestreben, euch zu schaden oder zurückzulassen. Dann wird auch sie „zur Ruhe" kommen können. Es wird für sie ein sehr großes Aufatmen sein, in der neuen Dimension anzukommen, denn auch sie war von ihren Sternengeschwistern abgetrennt, genauso, wie ihr es wart. Die Erde ist voller Freude auf die Neue Zeit, da es auch für sie ein Weg in die Harmonie ist. Auch sie möchte endlich ihre Blessuren heilen.

Partnerbeziehungen in der Neuen Zeit

Wir haben bereits erwähnt, dass die Erfahrungen in der Fünften Dimension weniger dicht sind, was auch für Erfahrungen im Bereich der zwischenmenschlichen Beziehungen gilt. Ihr werdet hier, wie auch in anderen Bereichen, weniger Dramen erleben, und ihr werdet weniger süchtig nach Dramen und den damit verbundenen, sehr intensiven Emotionen sein, als dies in der Dritten/Vierten Dimension der Fall ist und war. Sie wird selbstverständlicher sein, allerdings mit weniger Auf und Ab verbunden sein. Liebe wird eine andere Basis haben. Natürlich wird Fortpflanzung weiterhin eine wichtige Rolle spielen, jedoch werden sexuelle Triebe euer Dasein weit weniger steuern als bisher. Liebe und ihr Verständnis davon werden sich zusehends auf die Seelenebene hin verlagern.

Man könnte es so sagen, dass eure Beziehungen mehr ins Licht und in die Erleuchtung gerückt werden. Die dichteren Erfahrungen, die positiven wie die negativen, habt ihr bereits in der Dritten/Vierten Dimension gemacht, dies muss in der Form nicht wiederholt werden. Ihr werdet euch einander behutsamer nähern, sanfter, zärtlicher und verständnisvoller miteinander umgehen. Natürlich werdet ihr euch weiterhin mit den Seelen verbinden die ihr so sehr liebt, um gemeinsame Erfahrungen zu machen, jedoch werden diese eurer neuen Bewusstseinsebene angepasst sein.

Auch hier wird es verstärkt um die Erfahrung des „Wir" und des Miteinanders gehen. Eure Empfindung der Liebe wird weniger flüchtig sein, als dies oft in der Dritten/Vierten Dimension ist, dafür ist sie tiefer, intensiver. Am Anfang geht es für euch, die ihr den Wandel vollzieht, erst einmal darum, in das neue Verständnis des Miteinanders zu kommen. Dieses wird sich mit zunehmender Bewusstseinserweiterung quasi von selbst einstellen, da diese Dinge Hand in Hand gehen. Es ist nicht möglich, in einem neuen Bewusstsein so zu leben wie in dem alten, denn dies würde bedeuten, sein Bewusstsein nicht wirklich erweitert zu haben.

Ihr habt bereits in der Dritten/Vierten Dimension gelernt, wie es ist, mit schwierigen Themen wie Eifersucht, Betrug, Neid, Missgunst, Hass usw. umzugehen. Das ist in der alten Tiefe nicht mehr erforderlich, ihr müsst diese Lektionen in der Form nicht wiederholen. Ihr könnt auch eure zwischenmenschlichen Beziehungen auf die neue Ebene des Seins bringen. Ja, es wird noch Lernerfahrungen geben, selbstverständlich, aber ihr werdet es verstehen, anders damit umzugehen, da ihr mehr Verständnis für euch selbst und für andere haben werdet. Die gleiche Erfahrung kann sich, wenn sie in einem höheren Bewusstsein gemacht wird, vollkommen anders darstellen.

Es ist möglich, dass ihr euch anders entscheidet, wenn es gilt, eine Entscheidung zu treffen. Hierzu ein Beispiel: Vielleicht werdet ihr nicht untreu, wenn sich die Möglichkeit bietet, oder ihr besprecht die Situation vorher mit eurem Partner, erklärt ihm eure Beweggründe und schaut, ob er/sie einverstanden ist. Ihr achtet darauf, mit eurem Tun niemanden zu verletzten. Egoistische Motive werden nicht mehr so dominant sein, wie es oft der Fall war. Wir wollen damit nicht sagen, dass es keine egoistischen Motive mehr geben wird, aber sie werden euch weniger regieren, es wird euch leichter fallen, sie unter Kontrolle zu bringen, weil ihr mehr im „Wir" seid. Ihr werdet in der Lage sein, den Schmerz des anderen besser zu fühlen und zu verstehen. Aus diesem Grund werden egoistische Motive nicht mehr so sehr im Vordergrund stehen, denn ein höheres Bewusstsein kann nicht anders, das wäre ein Widerspruch in sich selbst. Eure Beziehungen werden schöner sein, leichter zu leben, freudvoller – aus der Seele heraus gelebt. Inniger, harmonischer, mehr im Einklang.

Eure Sexualität wird sich verändern, das haben wir bereits angesprochen. Eure Kinder werden bewusster gezeugt werden, dann, wenn ihr wisst, dass ihr bereit dazu und in der Lage seid, die Verantwortung für die kleinen Wesen zu übernehmen. Es wird noch etwas dauern, bis sich diese Dinge entfalten, denn sie brauchen den Gesamtkontext der neuen Entfaltung. Alles, was wir euch hier mitteilen, geschieht nicht losgelöst voneinander, es ist das Zusammenspiel aller Komponenten, die euer Dasein ausmachen. Das Bewusstsein oder, besser gesagt, die Bewusstheit jedes Einzelnen, die dann ins Massenbewusstsein eingeht, und so entsteht ein neues Massenbewusstsein. Dies interagiert wiederum mit dem Bewusstsein des Einzelnen. Es wird ein neues Massenbewusstsein entstehen, ihr, eure Kinder und deren Kinder werden es erschaffen, ihr werdet gemeinsam und miteinander den Weg in Liebe gehen. Ihr werdet für eure Kinder da sein, und diese, auf ihre Art, für euch. Gemeinsam werdet ihr euch weiterentwickeln. Ihr müsst nicht mehr in die tiefsten Abgründe des menschlichen Daseins absteigen, das habt ihr hinter euch, und ihr müsst keine Greueltaten mehr vollbringen, denn ihr wisst bereits, wie es ist.

Auch müsst ihr euch im erweiterten Bewusstsein nicht mehr wie Opfer fühlen, denn ihr wisst es besser. Ihr könnt euch wieder daran erinnern, was ihr euch für eine Inkarnation vorgenommen habt und warum ihr mit bestimmten Seelen-Menschen zusammen kommt. Ihr habt sozusagen einen größeren Überblick über euer Dasein auf Erden. Antworten auf eure Fragen werden nicht lange auf sich warten lassen, ihr werdet nicht mehr im Dunkeln tappen, ohne Wissen um den tieferen Sinn dessen, was passiert. Diese Zeiten sind für euch vorbei. Es steht euch natürlich frei, das jederzeit wieder zu wählen, aber ihr werdet es nicht mehr wollen, denn es würde eurem neuen Sein widersprechen. Ihr könnt jederzeit wieder in größere Un-Bewusstheit hinabsteigen, aber warum solltet ihr?

Das Wissen, das ihr erlangt habt, geht nicht verloren. Euer ganzes Sein wird gesunden, ebenso eure zwischenmenschlichen Beziehungen. Ihr werdet in euren Inkarnationen weniger Schaden an Leib und Seele nehmen. Ihr werdet weniger angsterfüllt sein, denn Angst hat mit Unwissenheit zu tun. Das wird sich in euren Beziehungen spiegeln, denn ihr könnt im Wissen mehr Vertrauen haben – in euch selbst und in andere. Ihr werdet offener zu- und füreinander sein können, und mehr Respekt füreinander empfinden, da ihr besser verstehen werdet. Ihr werdet nicht mehr Macht über euren Partner ausüben wollen, da ihr keine Angst mehr zu haben braucht. Macht über andere hat immer eine eigene Angst als tiefen Hintergrund. Ihr werdet IN EURER PERSÖNLICHEN Macht sein. Eure und andere Kinder werden nicht mehr in der Angst aufwachsen müssen, da ihre Eltern sich befreit haben. Und so kann die Liebe wachsen und den Raum einnehmen, den früher die Angst eingenommen hat.

Schaut euch einmal das Wort Ver-antwort-ung näher an. Ja, es wird wieder Antwort geben. Früher hattet ihr viele Fragen, und oft hat es für euch keine Antwort gegeben, was euch verzweifeln ließ. In der neuen Dimension seid ihr nicht mehr von den Antworten abgeschnitten. Ihr wisst sie für euch und für andere und seid wieder verbunden mit dem Fluss des kosmischen Wissens.

Vorbereitungen auf die Neue Zeit

Die Zeit des Wandels erscheint euch nicht einfach, ihr bemerkt jedoch zusehends, dass es keinen Grund für euch gibt, in die Angst zu gehen. Die Dinge, die derzeit in euren Gesellschaften und Wirtschaftssystemen vor sich gehen, hat es zu allen Zeiten gegeben, jedoch nicht in dieser geballten Form. Reinigungsprozesse haben immer schon stattgefunden, da diese notwendig sind. Es ist wie mit eurer Behausung – ohne Reinigung geht es nicht. Jedoch dieses Mal ist es ein globaler Reinigungsprozess, der in einem kurzen Zeitfenster stattfindet. Der Prozess hat schon vor längerer Zeit begonnen, jedoch erst einmal von euch weitestgehend unbemerkt. Erst mit der Beschleunigung ist der Prozess nicht mehr zu übersehen und zu leugnen. Ihr wisst jedoch darum, dass es ein Reinigungsprozess ist und keine „Krise", was euch gestattet, in Ruhe und Freude zu bleiben. Die alten Systeme müssen zerfallen, da es Machtsysteme sind.

Ein Machtgefüge der alten Art kann in der neuen Dimension nicht mehr bestehen bleiben, da es sich um Macht in der negativen Ausprägung handelt. Die Macht wird sich in eine neutrale Mitte begeben. Was bedeutet das? Nun, es bedeutet weder Macht über andere noch Machtlosigkeit, sondern gleichberechtigtes Dasein, im respektierten Nebeneinander existierend. Es bedeutet, aus der Wertung herauszukommen. Wenn nicht mehr gewertet wird, gibt es kein Besser oder Schlechter und somit auch keine „Macht über" mehr, da alles auf gleicher Augenhöhe ist. Wertigkeit erzeugt Dramen. Wir haben bereits erwähnt, dass ihr keine Dramen mehr brauchen werdet. Ihr könnt sie erzeugen, wenn ihr wollt, aber ihr werdet sie bereits hinter euch gelassen haben. Viele von euch haben diesen inneren Wandel bereits zu einem Teil vollzogen, der eine mehr, der andere weniger. Dies ist für euch sehr ungewohnt, da ihr über viele Inkarnationen in Dramen verhaftet wart.

Aber ist es nicht eine Erleichterung? Zunächst mag es wie ein Verlust erscheinen, da die „Höhen" und „Tiefen" fehlen, aber spürt ihr, wie Ruhe und Frieden beginnen, sich in eurem Sein auszubreiten? Spürt ihr die zunehmende Gelassenheit in eurem Sein? Ist es nicht schön, anders mit den Dingen umgehen zu können? Weniger von den eigenen Emotionen gebeutelt zu sein? Immer mehr in die Klarheit zu kommen, Situationen besser und schneller zu verstehen und zu erfassen, in tieferer Weisheit zu leben? Wir, die ihr uns Aufgestiegene Meister nennt, haben diesen Prozess ebenfalls auf unserem eigenen Weg zur Meisterschaft durchlaufen. Auch unser Weg war voller Dornen und Steine. Wir fühlen mit euch, jedoch von unserer Seite aus gesehen möchten wir euch sagen, dass wir die Erfahrung nicht missen möchten, denn es ist eine der tiefgründigsten Erfahrungen des Seins.

Ihr habt bemerkt, dass wir in den letzten Jahrzehnten verstärkt zu eurer Unterstützung da sind. Wir tun dies aus tiefster Liebe heraus, denn wir wissen, dass es nicht einfach ist und möchten euch mit all unserem Wissen und unserer Kraft zur Seite stehen.

Helios

Ich musste durch diesen Prozess in meinem Sein mehrfach hindurch, so lange, bis ich ihn innerhalb kürzester Zeit durchlaufen konnte. Ich habe dies getan, um ein Meister des Aufstiegsprozesses zu werden. Den Aufstiegsprozess habe ich in allen Ebenen, in denen ich war, mehrfach durchlaufen, was mir ein tiefes Verständnis für alle diese Ebenen ermöglicht hat, nämlich ein Meister vieler Ebenen zu sein. Ich habe dies freiwillig gewählt, weil es stets mein Wunsch war, das tiefstmögliche Verständnis zu erlangen. Nun möchte ich euch für euren Prozess und den der Erde mein Wissen zur Verfügung stellen und euch hilfreich zur Seite stehen. Viele von euch werden die Transformation erleben. Nun, ihr, die ihr diese Worte lest, was könnt ihr tun in den Zeiten des Wandels?

Ihr wisst bereits, dass ihr nicht in die Angst zu gehen braucht. Wir bitten euch, euch stets daran zu erinnern, egal, was um euch herum passiert. Beobachtet, was passiert, und tut dies im Gewahrsein der Erkenntnis und Weisheit. Haltet euer Bewusstsein, ohne abzugleiten. Lasst euch nicht von dem Bewusstsein derer mitreißen, die nicht in der Erkenntnis sind und diese auch noch nicht wollen. Gestattet ihnen ihren freien Willen. Erweitert euer eigenes Bewusstsein, wann immer ihr könnt, und kümmert euch nicht zu sehr um die Dinge, die zusammenbrechen.

Zentriert euch in eurer Mitte und verweilt dort. Seid lediglich Beobachter aus der Weisheit heraus. Entfernt euch innerlich und gedanklich von jeglichem Massenbewusstsein der Alten Energie. Das wird euch zusehends leichter fallen, da ihr genau wisst, was nicht mehr zu euch passt.

Lasst die Dinge geschehen, ohne Teil davon zu werden. Zusehends wird ein neues Massenbewusstsein entstehen. Ihr seid die Initialzündungen, die Funken, die das neue Feuer ins Leben rufen werden. Früher musstet ihr euch oft bedeckt halten, konntet eure Meinung nicht offen kundtun. Das wird sich ändern, genau EURE Meinung wird in der Neuen Zeit wichtig sein, denn es gilt, das Neue aufzubauen. Das wird eure nächste Aufgabe sein. Ihr müsst nichts dazu tun, dass das Alte zusammenbricht, dies ist bereits in vollem Gange. Lasst es geschehen, versucht nicht, es aufzuhalten. Lasst es gehen. Bedankt euch für den großen Erfahrungsschatz, der euch in der Alten Energie ermöglicht wurde, und lasst es zusammenbrechen. Der Zusammenbruch ist nicht eure Aufgabe. Euer Wissen wird in der Neuen Zeit für den Aufbau benötigt. Ihr seid es, die das neue Licht entzünden und zum Leuchten bringen werden. Nun, auch dies geschieht nicht von einem Tag auf den anderen.

Ihr werdet wissen, wie die neue Zukunft zu gestalten ist, denn ihr habt sie bereits geplant. Die neue Zukunft wird nicht aus eurem menschlichen Verstand kommen, sondern aus eurer Seele. Ihr braucht euch keinerlei Sorgen zu machen, euer neues Bewusstsein ermöglicht euch den Zugriff auf alle Informationen, die ihr braucht. Ihr werdet in der Lage sein, euch an eure Planungssitzungen zu erinnern, denn ihr werdet mit eurem Geist beliebig in Zeit und Raum reisen können. Der Plan für die neue Welt wurde bereits von euch in Zusammenarbeit mit vielen Wesenheiten erschaffen.

Ihr werdet erstaunt sein, wie selbstverständlich sich die Dinge entwickeln werden. Ihr tragt das Wissen bereits in euch und werdet beobachten, dass die alten Paradigmen und Systeme sich nicht mehr halten können. Ihr werdet wissen, dass es die wegbereitenden Situationen sind. In diesen Szenarien seid ihr nichts anderes als Beobachter, eure Aufgabe ist der Aufbau des Neuen. Dafür seid ihr hier, denn ihr werdet die Weisheit in euch tragen.

Viele von euch arbeiten derzeit bereits auf der höheren Ebene an den Vorbereitungen. Vielleicht wisst ihr schon, dass viele von euch zeitweise mit einem höheren Anteil der Seelenenergie, die ihr mit auf die Erde genommen habt, in die neue Dimension gehen, um dort den Weg für das neue Sein vorzubereiten.

Diese Zeit erscheint euch auf der Erde als sehr schwierig, denn in eurem menschlichen Dasein fühlt ihr euch einsam, mit nichts und niemand mehr verbunden. Bei den meisten von euch dauert diese Phase einige Monate, in denen ihr mit eurem Leben, eurer Umwelt, ja, sogar mit euch selbst nichts anfangen könnt. Das ist deshalb so, weil ihr verstärkt mit eurem Geist und eurer Seele an den Vorbereitungen arbeitet, ihr seid sozusagen „woanders". Deswegen fühlt sich euer irdisches Sein verlassen und verloren, da euer irdisches Selbst nicht an diesem Vorgang teilnimmt, sondern nur spürt, dass etwas „fehlt". Diese Wahrnehmung ist in gewisser Weise durchaus korrekt. Lasst euch davon nicht verunsichern, ihr wisst jetzt um den Zusammenhang. Wenn ihr könnt, lenkt euch in dieser Zeit ab. Beschäftigt euch, unternehmt etwas Schönes, sorgt aber auch für Ruhephasen. Diese sind derzeit für euer irdisches Selbst von großer Bedeutung. Versucht abzuwarten, bis der Zustand vorüber ist. Ihr werdet hinterher größere Ruhe und Frieden verspüren.

Was passiert in dieser Phase? Nun, das ist von Seele zu Seele unterschiedlich. Einige werden geschult, sie erhalten sozusagen den letzten „Schliff" für ihre Aufgaben in der Neuen Zeit. Andere unterrichten ihrerseits und helfen anderen Seelen, sich auf ihre neuen Aufgaben vorzubereiten. Das ist abhängig davon, welche Aufgaben ihr euch bereiterklärt habt, zu übernehmen. Es werden in der Neuen Zeit auch Seelen auf die Erde kommen, die noch nie hier waren. Für sie ist es aber wichtig, die „Geschichte" der Erde zu verstehen, damit auch sie ihre Aufgaben erfüllen können. Sie haben nicht den Entwicklungsprozess mitgemacht, den die Seelen durchlaufen haben, die der Erde schon lange verbunden sind. Diese benötigen vorbereitende Schulungen, damit sie die spezielle Situation der Erde verstehen.

Diese Seelen sind wichtig für den Aufbau der neuen Welt, denn sie verstehen und kennen die Gesetzmäßigkeiten der Fünften Dimension und werden euch mit diesem Wissen hilfreich zur Seite stehen, euch, wenn nötig, anleiten. Gemeinsam werdet ihr das neue Sein erschaffen, es ist als ob sich Meister zweier Disziplinen vereinen, um ihr Wissen und ihr Können zusammenzubringen, um etwas Neues entstehen zu lassen. Ihr arbeitet bereits jetzt mit diesen Seelen zusammen und tauscht euer Wissen und euer Erfahrung aus.

Hierzu habt ihr euch bereiterklärt, eine Zeit lang weniger im irdischen Dasein präsent zu sein. Es ist kein Zufall, dass dies gerade jetzt geschieht, denn in der Zeit des „Zusammenbruchs" werdet ihr weniger gebraucht. Der Zusammenbruch des Alten ist nicht eure primäre Zeit des Wirkens, ihr könnt es euch also leisten, ein bisschen abwesend zu sein. Darum macht euch keine Sorgen, wenn ihr die zuvor beschriebenen Zustände bei euch feststellt. Es ist richtig und gut so, wie es ist, auch das ist von euch beabsichtigt und gewollt. Es dient lediglich der Vorbereitung der Aufgaben, die die Neue Zeit mit sich bringt. Ihr fühlt euch deshalb so seltsam, weil ihr in der neuen Dimension weilt und dort Tätigkeiten nachgeht, die nichts mit eurem derzeitigen irdischen Sein zu tun haben. Deshalb fühlt sich euer irdisches Sein verlassen und verloren, jedoch nicht eure Seele.

In Wirklichkeit seid ihr Teil eines multidimensionalen

Expertengremiums, das „tagt". Es kann sein, dass ihr mehrere solcher Phasen durchlebt, was euch aber nicht beunruhigen muss, denn es ist dafür gesorgt, dass euch in eurem irdischen Sein nichts passiert. Eure Aufgabe ist wichtig. Es wäre nicht angemessen, wenn ihr Schaden nehmen würdet. Wir bitten euch lediglich, in diesen Phasen in die Geduld zu gehen. Wir haben euch das Verständnis dessen vermittelt, was euer irdisches Selbst nicht auf Anhieb verstehen kann. Weil dieses Wissen in euer Bewusstsein gebracht wird, wird es leichter für euch sein, damit umzugehen. Ihr werdet in dieser Zeit vermehrt Kenntnisse über die Fünfte Dimension erlangen, was euch in die Lage versetzen wird, euer Bewusstsein erheblich zu erweitern.

Ihr werdet nach eurer „Rückkehr" bemerken, dass vieles für euch leichter geworden ist, denn ihr habt einen wesentlichen Schritt in Richtung Multidimensionalität getan und vieles dazu gelernt. Ihr seid die Wegbereiter, denn ihr könnt bereits die Dimensionen wechseln, da ihr schon in einem hohen Bewusstsein „gestartet" seid. Ihr wisst gar nicht, WIE wichtig eure Aufgabe für die Erde ist. Haltet euch dies vor Augen, wenn ihr glaubt, es nicht mehr zu schaffen, wenn euch alles zu viel erscheint, wenn ihr verzweifelt. Ihr seid großartige Wesen, die sich in den Dienst für eine großartige Aufgabe gestellt haben. Großartige Aufgaben bringen großartige Herausforderungen mit sich. Es ist jedoch nichts, was ihr nicht bewältigen könnt, und das war immer in eurem Bewusstsein.

Es ist das menschliche Ego, das Schwierigkeiten hat, nicht eure Seele. Diese ist voller Freude über die großartige Zeit mit ihren großen Herausforderungen. Ihr arbeitet schon lange auf diese Zeit hin und freut euch auf die Erfüllung. Ihr seid wahrhaft großartige Seelen!

Wir möchten auf diese eure Großartigkeit näher eingehen. In der Vergangenheit war es sehr schwierig für euch, euch eurer eigenen Großartigkeit bewusst zu sein, da ihr vom Wissen abgeschnitten wart. Auch das wird sich ändern. Ihr werdet wieder wissen, wer ihr seid, ohne euch dieses Wissen, diese Bewusstheit erarbeiten zu müssen. Ihr werdet im Bewusstsein um eure Seele und ihre Großartigkeit auf Erden wandeln. Ihr werdet eure neuen Lernaufgaben bewältigen können, ohne in der Dunkelheit der Unwissenheit zu versinken. In der Fünften Dimension sind alle eure DNA-Stränge aktiviert, nicht nur zwei, wie es in der Vergangenheit der Fall war. Diese beiden DNA-Stränge waren für euer menschliches Dasein zuständig, mit dem materiellen Körper verknüpft, und das werden sie auch weiterhin sein. Die DNA-Stränge, die in der Vergangenheit inaktiv waren, sind für die Verbindungen mit Allem-was-ist zuständig. Sie verbinden euch mit dem Kosmos, aber auch mit der Quelle allen Seins. Ihr werdet euch nie wieder verloren und abgetrennt fühlen, das wird nicht mehr möglich sein, es sei denn, es ist ausdrücklich von euch so gewünscht. Diese Trennung war nie so gewollt, auch nicht in der Dritten/Vierten Dimension. Ihr wisst bereits, dass sie durch Manipulation von Wesenheiten aus anderen Galaxien zustande kam. Nun, sie haben nicht gegen euren Willen gehandelt, sondern sie haben es verstanden, euren Willen in die von ihnen gewünschte Richtung zu lenken. Ja, sie waren sehr geschickt. Ihr habt euch mit Dingen einverstanden erklärt, deren Ausmaß ihr nicht überschauen konntet.

Und so entstand eine einmalige Situation auf der Erde: Wesenheiten, die sich bereit erklärten, in die Isolation zu gehen. Mit Isolation meinen wir das Abgetrenntsein von der Liebe, die Grundlage des Kosmos ist; Verlust der Kommunikation über die materielle Ebene hinaus. Dies waren sehr schwierige Zeiten für euch. Wisst ihr eigentlich, dass ihr als Meister aus dieser Situation hervorgegangen seid? Ihr habt die tiefsten Tiefen erlebt, um euch erheben und sagen zu können: Ich war ganz auf mich alleine gestellt, und ICH habe die Wahrheit erkannt. Selbst die tiefsten Tiefen konnten mich nicht davon abhalten zu erkennen, dass ich ein Wesen der Liebe bin. Ich bin ein Wesen, das aus der Liebe kommt. Ich habe erkannt, dass Liebe das wertvollste Gut im gesamten Alles ist. Ich habe mich aus eigener Kraft erhoben.

Ihr seid wahrhaftige Meister. Euer Licht strahlt hell – zur Freude des gesamten Alles. Oh ja, ihr habt Dunkelheit erlebt, in all ihren Facetten. Und ihr habt sie gemeistert! Ihr seid in der Dunkelheit, durch die Dunkelheit und aus der Dunkelheit heraus gewachsen. Das ist Großartigkeit. Es ist einfach, im Licht zu sein, jedoch in der Dunkelheit die Kraft zu haben, das Licht zu bewahren, das ist Groß-artigkeit!

Nun, es war niemals der Plan, euch in Dunkelheit ver-sinken zu lassen, es war auch nicht euer Plan. Trotzdem birgt die Dunkelheit eine Vielfalt von Gefahren. Sich in der Dunkelheit zu verlieren, ist um ein Vielfaches wahrschein-licher, als sich im Licht zu verlieren. Ihr habt euch nicht verloren, sondern die Dunkelheit dazu verwendet, euch zu finden. Das ist Großartigkeit! Der Meister, der nur das Licht erfahren hat, ist ein Meister des Lichts. Der Meister, der Licht und Dunkelheit erfahren und durchlebt hat, ist ein Meister von Allem-was-ist, denn Dunkelheit ist genau-so wie Licht. Das hat euch ermächtigt, euer Sein zu erwei-tern und große Aufgaben zu übernehmen. Denn für große Aufgaben braucht es Meister von allem – Wesenheiten, die sich bewiesen haben. Ihr habt eine schier grenzenlose Größe bewiesen und seid dafür sehr geachtet und respek-tiert. Euer Erfolg ist unser Jubel. Wir laden euch ein, mit uns zu jubilieren, ein Fest der Freude zu feiern.

Lady Gaia dankt euch dafür, dass ihr durchgehalten habt. Auch sie hat durchgehalten, denn sie hat das Ver-trauen in euch nie verloren, sondern immer an euch und eure Größe geglaubt, selbst in Zeiten, als ihr dachtet, euch vollständig verloren zu haben. Sie hat das Ihre getan, um euch zu stärken, Kraft zu geben. Auch sie ist eine wahrhaft große Seele. Es ist für Gaia ebenfalls eine Erleichterung, in der Neuen Zeit anzukommen. Sie sehnt die Wiedervereinigung mit ihren Sternengeschwistern herbei, denn auch sie war lange Zeit in der Abgeschiedenheit. Doch sie wollte euch nicht verlassen, denn sie liebt euch, ihr wunderbaren Wesenheiten, die ihr auf ihr wandelt. Es hat sie oft geschmerzt, eure Verzweiflung zu sehen. Es hat sie geschmerzt, dass ihr ihr Wunden zugefügt habt. Doch sie war euch stets eine treue Begleiterin, von Liebe zu euch und all ihren Lebewesen erfüllt.

Genau wie ihr durchläuft Gaia Reinigungsprozesse, die eine Vorbereitung auf die Neue Zeit sind. Auch sie entlässt alte Energien aus ihrem System. Sie ist von großer Freude erfüllt, dass ihr auch diesen Weg mit ihr gemeinsam geht, und bittet euch um Verständnis für ihre Prozesse. Geht in Kommunikation mit ihr, und ihr werdet sie verstehen. Dann müssen ihre Prozesse euch auch keine Angst machen, denn ihr werdet in Liebe zu Gaia und im Einklang mit ihr sein. Es ist für sie einfacher, wenn sie euch im Verständnis weiß, wenn sie spürt dass auch sie Unterstützung hat, so, wie sie euch unterstützt. Sie wird ebenfalls von ihren Sternengeschwistern aus der Fünften Dimension angeleitet und vorbereitet, genau wie ihr. Denn auch für einen Planeten ist der Wechsel der Dimension ein großartiges Ereignis. Nun, ihr wisst, dass ihre Heimatgalaxie sich bereits in der Fünften Dimension befindet. Gaia wird liebevoll von ihren Sternengeschwistern empfangen und umsorgt, es herrscht eine große kosmische Freude über ihren Aufstieg. Diese Freude ist in Form von Klängen wahrnehmbar, stellt es euch als kosmischen Gesang vor.

Wenn ihr ganz genau hinhört, könnt auch ihr diesen Gesang wahrnehmen.

Die Wale und Delfine eurer Ebene sind ebenfalls in diesen Gesang mit eingebunden, denn auch sie nehmen ihn wahr. Sie haben nie die Verbindung verloren, denn sie haben die Aufgabe übernommen. für euch die Verbindung aufrechtzuerhalten. Sie waren sozusagen euer „Backup-System" und haben dafür gesorgt, dass der Kontakt zu den kosmischen Frequenzen nicht verloren ging. Achtet einmal auf ihren Gesang, fühlt euch hinein. Spürt ihr, wie sich euer Herz öffnet? Es sind Wesen, die den Klang der Liebe transportieren, darum berühren sie euer Herz. Sie haben die kosmischen Frequenzen empfangen und für euch auf der Erde verteilt, in Zeiten, als ihr dazu nicht in der Lage wart. Wir bitten euch aufrichtig, diesen Wesen eure Liebe entgegenzubringen und daran zu arbeiten, dass ihnen ein friedvolles Dasein gewährt wird. Denn sie haben sich in den Dienst der Erde und der Menschheit begeben und euch dabei geholfen, euch nicht zu verlieren.

Die Rolle der Aufgestiegenen Meister beim Aufstieg der Erde und der Menschen

Saint Germain

Sicherlich fragt ihr euch, welche Rolle wir bezüglich des Aufstiegs der Erde haben. Nun, wir lieben die Erde, und wir lieben es, uns in den Dienst der Erde und ihrer Bewohner zu stellen. Dies tun wir auf unterschiedliche Art und Weise. Es war stets unser Bestreben, den Kontakt aufrechtzuerhalten, und es war eure Wahl, den Aufstieg mitzumachen. Wir wussten, dass ihr Hilfe benötigen würdet. Es hat immer wieder Zeiten gegeben in denen viele Menschen aufgestiegen sind, jedoch niemals in einem solchen Ausmaß wie zurzeit.

Wir haben die Aufgabe übernommen, das dazugehörige Wissen für diejenigen auf die Erde zu transportieren, die bereit waren, es anzunehmen, denn das Wissen war auf der Erde verlorengegangen. Hierbei haben wir mit den Menschen Kontakt aufgenommen, die in der Lage waren, sich zu öffnen. Dies ist auf vielfältige Weise an vielen verschiedenen Orten geschehen. Wir haben bereits erwähnt, dass der Aufstieg der Erde ein großes kosmisches Ereignis ist, und wir möchten uns bei euch bedanken, die ihr euer Herz geöffnet und das scheinbar Unmögliche für möglich gehalten habt. Ihr habt euch gegen die Konventionen eurer Zeit gestellt und uns Einlass in euer Herz, eure Seele und euren Geist gewährt. Ihr wart die Vorreiter der Multidimensionalität, denn ihr habt über die Dimensionen hinweg kommuniziert. Es erfüllt unser Herz mit Freude, dass wir so viele von euch erreichen konnten und dass ihr uns vertraut habt, denn ohne euer Vertrauen hätten wir euch nicht erreichen können. Es war eine sehr fruchtbare Zusammenarbeit, denn ihr habt das Wissen weitergegeben.

Wir möchten euch nun etwas offenbaren: Die Techniken der modernen schnellen Kommunikation eurer Neuzeit wurden aus diesem Grund erfunden. Sie wurden von Seelen erfunden, die wussten, wie wichtig es sein würde, dass sich Informationen schnell verbreiten können. Sie wussten, es würden Techniken benötigt, die es ermöglichen, die Informationen für jeden zugänglich zu machen. Deshalb wurde von ihnen das technische Wissen auf die Erde transportiert. Nicht um des Profits willen, nicht für die Geschäftswelt, und schon gar nicht für das Militär. Sie waren es auch, die dafür sorgten, dass diese Techniken allgemein wurden. Und – sie taten es in Zusammenarbeit mit uns.

Habt ihr euch schon einmal gefragt, warum es eine solche technische Revolution innerhalb so kurzer Erdenzeit gab? Hier die Antwort: um euch beim Aufstieg zu helfen. Denn es gab über die Erde verteilt nur eine gewisse Anzahl Menschen, die mit uns Kontakt aufnehmen konnten. Anders hätten sie es nicht geschafft, das Wissen so schnell und breitflächig zu vermehren.

Dass viele sogenannte „moderne" Technologien in militärischem Zusammenhang entwickelt wurden, hat lediglich damit zu tun, dass eure Regierungen jederzeit bereit waren, viele Gelder in diesen Bereich zu investieren. Dies war den Seelen, die es sich zur Aufgabe gemacht haben, die Technologien auf der Erde einzuführen, bewusst. Sie haben jeweils den Weg für ihr Leben ausgewählt, der für die schnelle Verbreitung am geeignetsten war.

Die einen haben die Technologien erfunden und für deren Verbreitung gesorgt, die anderen haben das Wissen empfangen und es über die diversen irdischen Netzwerke verteilt. Es war eine perfekte Zusammenarbeit.

Dies wurde bereits vor langer Zeit so geplant. Wir haben in gewisser Weise die Steuerung übernommen, sozusagen den Zeitplan erstellt, und als die Technologien reif waren, haben wir vermehrt mit den Übermittlungen begonnen. Wir haben uns einige Zeit lang nichts anderem gewidmet, da es unser Anliegen war, all jenen Seelen das Wissen zu bringen, die es wollten.

Man könnte sagen, dass ein „Massenaufstieg" stattfindet. Hierzu waren all diese Komponenten notwendig. Wir als Vermittler der Botschaften, die vielen Menschen weltweit und die „moderne" Technik als Transportmittel der Verbreitung des Wissens an unzählige Menschen. In gewisser Weise ist dieses unser Werk nun vollbracht. Es ist jedoch so, dass die Erde schon sehr bald mit ihrer Heimatgalaxie in die Sechste/Siebte Dimension aufsteigen wird. Nach irdischen Maßstäben wird es eine Weile dauern, kosmisch betrachtet wird es wahrscheinlich in einer Sekunde geschehen. Das ist die nächste Herausforderung für die Erde und ihre Bewohner. Wie werden euch auch auf diesem Weg weiterhin hilfreich zur Seite stehen, da es die relativ kurze Zeit erfordert.

Nun, es wird für euch um einiges leichter sein, da ihr bereits an große Veränderungen gewöhnt seid. Ihr werdet in der Freude weiterlernen und euch erheben. Da ihr einen großen Schritt in Richtung Multidimensionalität gegangen seid, werdet ihr verstärkt Kontakt zu uns aufnehmen. Ihr müsst nicht mehr in „Trance" gehen, um uns zu erreichen beziehungsweise für uns erreichbar zu sein, der Wille wird genügen. Eure Technologien werden sich so weit entwickeln, dass ihr unsere Botschaften damit empfangen und aufzeichnen könnt. Es wird sozusagen ein technologisches „Feintuning" geben, weil ihr lernt, anders mit verschiedenen Frequenzbereichen umzugehen. Im gleichen Maße wie sich eure eigene Fähigkeit der Wahrnehmung erhöht, werdet ihr eure Technologien entwickeln, sie quasi euren eigenen erweiterten Fähigkeiten anpassen. Es wird also weiterhin eine enge Zusammenarbeit mit Wesenheiten anderer Dimensionen geben, sie wird sich in der Tat intensivieren und verstärken.

Wenn wir mit euch zusammenarbeiten, erweitern auch wir uns, denn wir haben uns bereit erklärt, ein größeres

Spektrum an Verantwortung zu übernehmen. In der Zusammenarbeit mit euch machen wir unsere eigenen Lernerfahrungen, die uns wiederum ermöglichen, unseren eigenen nächsten Aufstieg zu vollbringen, hin zu noch größeren Aufgaben- und Verantwortungsbereichen.

Wir möchten uns bei euch dafür bedanken, dass ihr in die Zusammenarbeit mit uns eingewilligt und uns euer Vertrauen geschenkt habt. Zwischen euch und uns handelt es sich um ein Geben und Nehmen. Oft mag es so erscheinen, als ob nur wir euch geben, doch dem ist nicht so. Ihr gebt uns die wunderbare Möglichkeit, an unseren Aufgaben zu wachsen, ebenso, wie ihr es tut. Auch ihr werdet eines Tages für andere die Aufgaben übernehmen, die wir in euren Diensten übernommen haben, so es eure Wahl ist. Denn auch ihr seid gewachsen, habt ein Vielfaches an Erfahrungen dazugewonnen, neue Einsichten erhalten. Wir tun dies auf unserer Ebene ebenso. So, wie wir euch geholfen haben, habt ihr uns geholfen, und dafür danken wir euch.

Nun, der Kosmos ist in Bewegung, es ist ein ständiges Spiel der Entwicklung. Einige von uns werden sich anderen Aufgaben zuwenden, dafür wird es die ein- oder andere Wesenheit geben, die sich neu in eure Dienste stellt. Ebenso werdet ihr euch euerseits, so es euer Wunsch ist, in den Dienst von Wesenheiten stellen, die eure Hilfe beim Aufstieg benötigen. Ihr werdet euer Wissen teilen, denn dazu müsst ihr euch lediglich daran erinnern, wie ihr es getan habt. Das Gleiche haben wir für euch getan – wir haben uns an unseren eigenen Weg erinnert und unsere Erfahrungen und Einsichten mit euch geteilt.

In gewisser Weise könnte man sagen, dass einige Aufgaben neu verteilt werden, da sich sowohl bei uns als auch bei euch neue Kompetenzen entwickelt haben. Dennoch werdet ihr viele von uns wieder treffen, denn teilweise werdet ihr mit uns zusammen an den gleichen Aufgaben arbeiten. Einige von euch werden derzeit bereits darauf vorbereitet. Wir bitten euch in diesem Zusammenhang, das Konzept der „Aufgestiegenen Meister" und der Menschen auf Erden aufzugeben. Um es mit euren Worten zu beschreiben: Wir waren immer auf gleicher Augenhöhe. Euer zeitweiliges Gefühl, kleiner zu sein als wir, ist eine Illusion, die dem menschlichen Ego entspringt. So etwas ist niemals eine wahrhaftige Realität. Wir sind alle gleich, wir gehen lediglich unterschiedliche Wege. Manchmal gehen wir sogar den gleichen Weg, nur in einer anderen Geschwindigkeit. Wir sind alle Meister. Keiner von uns ist größer oder kleiner oder besser oder schlechter als der andere. Vielleicht nur ein klein wenig anders. Ihr seid und wart noch nie etwas anderes als leuchtende, strahlend schöne Wesen, ebenso wie wir.

Der Aufstieg der Erde und ihrer Bewohner ist für Alles-was-ist von Bedeutung, denn ihr seid in ein Großes Ganzes eingebunden, weshalb ihr Unterstützung aus vielen verschiedenen Ebenen des Seins bekommt. Es ist für das gesamte Gefüge der Schöpfung notwendig und von Bedeutung, dass die Erde aufsteigt, denn der Aufstiegsprozess findet in allen Ebenen statt.

Stellt es euch einmal so vor: Wenn der Körper eines Kindes wächst, müssen alle seine Bestandteile wachsen. Wenn zum Beispiel ein Finger oder auch nur ein Fingernagel nicht mitwächst, gerät das Gleichgewicht, die Harmonie, durcheinander. Deshalb ist jedes Teil des Ganzen gleichermaßen wichtig. So, wie alle Teile des Kindes – der Körper, die Organe, der Geist, das Unterbewusstsein, die Seele, die Zellen – mitwirken am Wachstum des Gesamten, so ist auch das Zusammenspiel zwischen Erde und dem gesamten Alles zu verstehen.

Ihr wart nie allein in euren Bemühungen und werdet es nie sein. Und ebenso, wie das Gesamte zum Wachstum des Fingers beiträgt, trägt der Finger wiederum zum Wachstum des Gesamten bei. Deshalb wart ihr immer vollständig in das Gesamte eingebunden, auch wenn euch das oft nicht bewusst war. Wir werden euch auch in der Neuen Zeit zur Seite stehen und mit euch gemeinsam den nächsten Aufstiegsprozess vorbereiten, die Kommunikation wird jedoch selbstverständlicher, klarer und offensichtlicher sein. Dadurch wird sie enger, denn viel mehr Menschen werden in der Lage sein, direkt mit uns zu kommunizieren, weshalb nicht mehr so viele Umwege beschritten werden müssen. Dies wird ermöglicht durch euer Wachstum in die Multidimensionalität hinein. Wir sind bereits multidimensional. Es erfüllt uns mit tiefer Freude, den weiteren Weg gemeinsam mit euch gehen zu können und euch durch eure Erfahrungen geleiten zu dürfen.

Helios

Ihr habt bereits viel über den Prozess des Aufstiegs erfahren, und wir möchten euch weitere Informationen dazu geben. Betrachten wir zunächst das Bewusstsein der einzelnen Seele. In Wirklichkeit ist alles ein „Aufstieg", denn Aufstieg bedeutet für eine Seele nichts anderes, als Bewusstseinserweiterung. Es gibt in diesem Sinne keinen „Abstieg". Selbst wenn sich ein Teil eures Selbst in Sphären begibt, in denen das Bewusstsein eingeschränkt ist, wie auf der Erde, die ihr kennt, ist dies für euer gesamtes Sein eine Bewusstseinserweiterung. Wie ist das zu verstehen? Nun, jede Erfahrung, die ihr zum ersten Mal macht, erweitert euer Bewusstsein. Das ist leicht nachzuvollziehen. Betrachtet es einmal anhand eures irdischen Alltags. Reflektiert diese eure Inkarnation ab dem Tag eurer Geburt, und ihr werdet feststellen, dass jede Erfahrung, und zwar uneingeschränkt, euer Sein und euer Wissen erweitert hat, auch die „dunklen" Erfahrungen, die scheinbar voller Unbewusstheit gemacht wurden. So hat eure gesamte irdische Erfahrung über alle Inkarnationen hinweg, in „hellen" wie in „dunklen" Zeiten, euer gesamtes Sosein erweitert. Es ist durchaus eine Bewusstseinserweiterung zu erfahren, wie es ist, in der Unbewusstheit zu existieren.

Ihr seid, wenn man es so betrachtet, ständig „aufgestiegen". Seelen sind Abenteurer, sie wollen Erfahrungen machen. Da jede Erfahrung für eine Seele eine Erweiterung, ein „Aufstieg", ist, gibt es auf der Seelenebene keine Bewertung der gemachten Erfahrungen, denn alle Erfahrungen haben dazu beigetragen, dass die Seele wächst. Was weiß eine Seele über Dunkelheit, die nie in der Dunkelheit war? Nichts. Was weiß eine Seele über Licht, die nie in der Dunkelheit war? Nichts, denn sie kann das Licht nicht verstehen. Aufstieg wird auf eurer Ebene auch als Erleuchtung bezeichnet. Erleuchtung bedeutet: Wissen, was man vorher nicht gewusst hat. Ihr seid nie einen anderen Weg gegangen, niemals! Ihr habt den Pfad der Erleuchtung nie verlassen, auch wenn euch dieses auf eurer Ebene vorgegaukelt wurde. Es war lediglich ein Teil des Spiels, das dazu diente, Unbewusstheit zu erfahren.

Liebe Seelen, wenn ihr die Dinge aus unserer Perspektive sehen könntet, würdet ihr wissen, wie wunderbar ihr dieses Spiel gespielt habt. Ihr habt grenzenlosen Mut bewiesen und seid vor keiner Erfahrung zurückgeschreckt. Ihr wolltet das ganze Spektrum erleben, und ihr seid keine „gefallenen" Engel, sondern großartige Engel, immer gewesen. Löst euch von den Indoktrinationen, die ihr selbst erschaffen habt, um euer Spiel bis in die kleinsten Feinheiten spielen zu können. Ihr habt gelernt, eine weitere Ebene des Daseins zu meistern, eine der schwierigsten Ebenen überhaupt. Viele Wesenheiten, die noch nicht den Mut hatten, sich in diese „Tiefen" des Daseins zu begeben und diese zu meistern, betrachten euch mit höchstem Respekt und höchster Bewunderung, denn ihr habt eine der schwierigsten Ebenen des Daseins gemeistert und seid wahrlich „aufgestiegen". Anders ausgedrückt: Eure Seele hat sich wahrlich erweitert. Das ist die Betrachtungsweise eures „Seelensplitters", der sich wahrhaft individualisiert hat.

In Wirklichkeit ist jede Seele Teil des Mahatmas, der „großen Seele". Eure Seele ist auf allen Ebenen des Seins präsent. Ihr habt Anteile in der Individualisierung, Anteile die im „Wir" sind. Das „Wir" erweitert sich von Dimension zu Dimension, bis hin zu der großen Schöpferebene, anders ausgedrückt: der Seele des Anfangs und des Endes. Es ist die Seele, die das „Nichts-Ist" ebenso beinhaltet wie das „Alles-Ist". Die Seele, die alles umfasst, die Existenz-der-Schöpfung und die Nicht-Existenz-der-Schöpfung. Jeder von euch ist ein Teil von Allem-was-ist und ein Teil von Nichts-was-ist.

Mit der Schöpfung begann der Aufstieg, die Erleuchtung, die Erweiterung des Bewusstseins. Die Schöpfung entstand aus dem Bewusstsein heraus, sich zu erweitern. Um es einmal mit einem Beispiel zu erklären: Die Schöpfung ist wie ein Kuchen. Der Kuchen besteht aus einzelnen Stücken, diese wiederum aus einzelnen Molekülen, diese aus atomaren und subatomaren Teilen, diese wiederum aus Quantenpartikeln. Die Quantenpartikel verhalten sich in der gewünschten Weise, um das Bild und durchaus auch die Materie des Kuchens entstehen zu lassen. Nun, der Kuchen ist deshalb entstanden, weil jemand einen Kuchen haben wollte – der Schöpfer des Kuchens sozusagen, der entschieden hat, welche Zutaten in den Kuchen kommen, wie lange der Kuchen gebacken wird, wie er verziert wird usw.

Eure Seele ist, bildlich gesprochen, in all diesen Komponenten enthalten, vom Schöpfer bis hin zum Quantenteilchen. Ihr wirkt auf allen Ebenen, und so ist euer „Aufstieg" auch auf allen Ebenen. Weil es so ist, ist es nicht möglich, sich nur auf einer Ebene zu entwickeln, da alles ein komplexes Zusammenspiel eures Selbst ist. Ihr mögt sagen: Was ist, wenn der Kuchen fertig ist? Nun, dann geht die Erfahrung weiter: Der Kuchen wird gegessen oder weggeworfen, und seine Bestandteile gehen in etwas anderes über, dieses wiederum in etwas ganz anderes... Und so ist ein Partikel des Kuchens vielleicht einmal Teil eines Hauses, Teil der Erde des Planeten, Teil einer Pflanze... Und alles bedeutet Erweiterung des Bewusstseins.

Auch Planeten und Sonnen haben individuelle Seelen, lediglich ist ihr Körper anderer Gestalt, ebenso, wie ihre Erfahrungen lediglich anderer Natur sind als eure. Es obliegt eurem Mahatma, eurem großen Selbst, zu entscheiden, in welche Ebenen der Erfahrung es Anteile entsendet. In jedem Moment, in dem Erfahrungen gemacht werden, findet Aufstieg statt. Es gibt in Wirklichkeit nichts anderes als „Aufstieg" und „Erleuchtung", denn dies ist nichts anderes als Erweiterung der Erfahrung.

Es gibt Zeiten, in denen Seelen ein Erfahrungsselbst aus einer Ebene des Seins zurückziehen. Das geschieht gerade mit euch. Euer irdisches Erfahrungsselbst aus der Dritten/Vierten Dimension, ebenso wie das von Gaia, wechselt die Dimension. Warum tut ihr das innerhalb einer Inkarnation? Um der Erfahrung willen. Um zu wissen, wie es geht. Wird dieses Erfahrungsselbst jemals wieder zurückkehren? Wenn ihr es so wollt.

Es ist eine besondere Form des Aufstiegs, in irdischen Maßstäben betrachtet könnte man sagen „messbar". Die Schwierigkeit eures Aufstiegs in die Fünfte Dimension liegt darin, dass ihr euren Körper sozusagen mitnehmt in die neue Dimension. Dies beinhaltet viele Änderungen auf körperlicher Ebene, die zeitweise zu Gefühlen des Unwohlseins führen. Doch auch das sind Erfahrungen, die ihr euch bewusst ausgesucht habt. Der Körper muss seine Frequenz erhöhen, er durchläuft eine Phase der Transformation. Für euer Bewusstsein ist dieser Vorgang einfacher, da er stets feinstofflich ist. Deshalb ist der Wechsel von einer reinstofflichen Dimension in eine andere einfacher.

Die Transformation eures Körpers wird bald vollzogen sein. Weil sich seine Frequenz erhöht, werdet ihr in der Lage sein, eure volle Geisteskraft zu nutzen. Es wird nicht mehr so sein, dass ihr nur einen Teil eurer Gehirnkapazität nutzt. Eure DNA wird vollständig aktiviert sein, ebenso euer Gehirn. Das bringt eine große Erleichterung mit sich, eine Beschleunigung eurer Geisteskraft, ein größeres Spektrum an Möglichkeiten für die Umsetzung eurer Ziele und Wünsche. Euer Geist wird klarer und reiner und ihr werdet Meister über die Materie, da ihr um die wahren Zusammenhänge wisst und wieder Zugriff auf kosmische Informationen und Weisheit findet.

Bereits jetzt könnt ihr feststellen, wie sich eure Wünsche schneller realisieren. Jedoch seid ihr noch bis zu einem gewissen Grad uneins in euch, was ihr wirklich erreichen wollt. Je klarer eurer Geist wird, desto schärfer wird auch euer menschlicher Verstand. Beide werden nicht mehr so getrennt voneinander sein. Der menschliche Verstand, der euch so oft eingegrenzt und durchaus auch irregeführt hat, wird sich eurem größeren Geist unterordnen, denn eure Seele und euer Geist werden wieder die Herrschaft über euer Sein übernehmen, da ihr jetzt in der Lage seid, euch aus den Fesseln der dichten Materie zu lösen. Ihr seid aus einem Tiefschlaf erwacht und in der Lage, eure Geisteskraft wieder für euch zu beanspruchen. Dies ist ein Fest der Freude für eure Seele, da sie im irdischen Dasein oft „zurückstecken" musste, sich nicht entfalten konnte. Für die Seele bedeutet Transformation, Leichtigkeit des Daseins auf der Ebene des Ausdrucks zu gewinnen. Ja, sie wird weiterhin Lernerfahrungen machen, denn Seelen möchten sich erweitern.

Ein Teil eures Bewusstseins weilt bereits in der Fünften Dimension, der euer Bewusstsein der Dritten/Vierten Dimension in Empfang nimmt. Dieser Teil eures Bewusstseins ist euer derzeitiger Geistführer. Ihr werdet sicherlich festgestellt haben, dass euer Geistführer gewechselt hat. Es ist ein Teil eures eigenen Bewusstseins, das euch in Empfang nimmt und euch hilft, den Übergang zu schaffen. Ihr werdet liebevoll empfangen – von euch selbst, denn ihr wart immer multidimensionale Wesen. Nur ein Teil eures Bewusstseins ist in die Illusion des „Seins in der Dichte der Dritten/Vierten Dimension" gegangen.

Ihr sprecht von einem „Höheren Selbst". Eigentlich habt ihr viele „Höhere Selbste", wenn man es aus der Sicht der Dimensionen betrachtet, denn ihr seid in allen Dimensionen gleichzeitig präsent, in denen ihr sein möchtet. Werdet ihr weiterhin ein Bewusstsein in der Dritten/Vierten Dimension haben? Wenn ihr es möchtet. Ihr habt jederzeit den freien Willen, euch dort zu erfahren und auszudrücken, wo ihr es möchtet. Werden eure beiden „Bewusstseine" aus der Dritten/Vierten und der Fünften Dimension nach dem Aufstieg verschmelzen? Absolut. Das bedeutet, dass ihr die Weisheit beider Dimensionen in eurem neuen Bewusstsein habt.

Solltet ihr euch irgendwann entscheiden, wieder zur Quelle des Seins zurückzukehren, werdet ihr das Wissen aller Dimensionen in euch tragen, da ihr alle eure Bewusstseine aller Dimensionen und Erfahrungsebenen in euch tragen werdet. Wenn ihr entscheidet, weiterhin auf den verschiedenen Ebenen zu wirken, könnt ihr in jede von euch gewählte Dimension gehen. Eine Seele muss nicht in alle Ebenen gegangen sein, um zur Quelle zurückkehren zu „dürfen". Das ist eine Vorstellung des irdischen Verstandes, die besagt, dass man sich erst beweisen muss. Ihr könnt, wenn ihr wollt, jedoch macht es Seelen viel Freude, sich im Sein auszudrücken. Seelen wissen um die Schönheit der Schöpfungen von Allem-was-ist, und sie lieben es, sich in der Schöpfung auszudrücken und zu wirken. Und da es Zeit und Raum nicht wirklich gibt, sind Seelen immer innerhalb der Quelle und gleichzeitig sozusagen auf Reisen in der Ebene des Wirkens. Es ist lediglich eine Frage, in welche Bereiche euer Bewusstsein sich ausdehnt, oder auch, aus welchen Bereichen es sich gegebenenfalls zurückzieht.

Euer Bewusstsein ist überall, so ihr dies wünscht. In der Quelle, die reines Sein ist, und außerhalb. Ihr müsst euch nicht dafür entscheiden entweder in der Quelle zu sein oder außerhalb, das ist eine Illusion. Ihr könnt euer Bewusstsein, euren Mahatma, aus der Quelle heraus in alle Ebenen und Dimensionen der Schöpfung ausdehnen – jederzeit. Ebenso könnt ihr es jederzeit zurückziehen. Es gibt keine Prüfungen zu bestehen, bevor ihr nach Hause könnt. Es ist lediglich so, dass ein Seelensplitter, der von euch in eine „niedere" Ebene entsandt wurde, eine Bewusstseinserhöhung braucht, bevor er wieder in höhere Ebenen gehen kann. Er muss sich sozusagen erst der neuen Ebene anpassen, denn die Ebenen haben unterschiedliche Gegebenheiten und erfordern unterschiedliche Bewusstseinszustände. Die notwendige Bewusstseinserhöhung ist nicht abhängig von Zeit oder einer Zeitdauer, es kann in einer Sekunde geschehen, so die Seele dies wirklich will. Es hat durchaus Seelen gegeben, die nur kurze Zeit auf der Erde weilten und Erleuchtung erlangt haben. Das Konzept von Prüfungen, die bestanden werden müssen, ist dem menschlichen Denken entsprungen. Es gibt nur den Wunsch, Erfahrungen zu machen. Dieser Wunsch ist der Quelle entsprungen. Deshalb hat sie die Möglichkeit erschaffen, sich in Form von Seelen in die Vielfältigkeit der Schöpfung auszudehnen.

Stellt es euch so vor: Die Quelle ist wie eine Sonne, die ihrem Licht die Möglichkeit gibt, sich in Form von Sonnenstrahlen auszudehnen, auf Reisen zu gehen. Diese Sonnenstrahlen können überall hingehen, wohin sie möchten, sie können aber auch jederzeit die freie Entscheidung treffen, in die Sonne zurückzukehren. Ebenso bleibt es ihnen überlassen, wie weit sie reisen möchten oder auch nicht, falls ihnen Letzteres lieber ist. Jedoch werden die Strahlen durch all die Erfahrungen, die sie machen, intensiver, von stärkerer Leuchtkraft. Und so wird auch die Sonne selbst stärker strahlen, da die Sonnenstrahlen ja ein Teil von ihr sind. Dies ist ein Bild, um zu verdeutlichen, dass ihr aus der Quelle kommt, und um zu veranschaulichen, dass euer Wirken dazu beiträgt, dass die Quelle sich erweitert.

Wo ist die Quelle? Überall. In euch, um euch herum, denn Raum ist eine Illusion. Alles existiert gleichzeitig und überall. Es ist so, dass lediglich das Wahrnehmungsspektrum sich von einer Dimension in die andere verändert. Das ermöglicht die Unterschiedlichkeit und Vielfalt der Erfahrungen der Schöpfungen.

Tier- und Pflanzenwelt und die anderen Bewohner der Erde in der neuen Dimension

Sicherlich stellt ihr euch die Frage, was mit den anderen Bewohnern der Erde passieren wird, wenn diese die Dimension wechselt. Lasst uns zuerst auf das Pflanzenreich eingehen. Pflanzen können mit Leichtigkeit die Dimension wechseln, da sie keinerlei Bewusstseinsform haben, die ihnen im Weg stehen könnte. Sie verfügen nicht über ein Ego, obwohl sie Lebewesen sind. Allerdings ist ihre Daseinsform eine Sein-Form. Es gibt Wesenheiten aus der Geistigen Welt, die die Pflanzen und Bäume dabei unterstützen, ihre körpereigene Energie zu erhöhen, was in erster Linie für langlebige Pflanzen und Bäume gilt. Diese Wesenheiten haben sich schon immer darum gekümmert, was ihr „Natur" nennt. Sie helfen den langlebigen Pflanzen bei der Transformation, die diese jedoch mit Leichtigkeit bewältigen. Die kurzlebigen Pflanzen erhöhen ihre Energie von einer Generation zur nächsten, und auch dieser Prozess geschieht in Leichtigkeit. Ihr werdet keine großen Veränderungen in eurer Pflanzenwelt feststellen können, da dieser Prozess für die Pflanzen keinerlei Schwierigkeit bedeutet.

Lasst uns nun die Tiere betrachten. Tiere haben eine andere Form des Bewusstseins als Pflanzen, da sie bereits im „Tun" sind und nicht so sehr im „Sein" wie Pflanzen. Wird es hier Veränderungen geben? Durchaus. Es gibt Tierarten oder, besser gesagt, Tierseelen, die zunächst einmal nur Erfahrungen in der Dritten/Vierten Dimension machen möchten. Es sind Seelen beziehungsweise Seelenanteile, die sich in der vollen Dichte eines rauen „Naturlebens" erfahren wollen. Da dies auf der neuen Erde in der alten Form in dieser Ausprägung nicht mehr möglich sein wird, werdet ihr ein vermehrtes Aussterben von Tierarten bemerken, was jedoch nicht negativ zu betrachten ist. Es beruht lediglich darauf, dass die Erde für diese Seelen bestimmte Erfahrungen nicht mehr zur Verfügung stellen, und es somit für manche Tierseelen keinen Grund mehr geben wird, auf der Erde zu inkarnieren.

Andere Tiergattungen wiederum werden die Transformation auf ihre Art mit euch zusammen vollziehen, zum Beispiel eure Haustiere. Denn auch innerhalb des Tierreichs gibt es eine Evolution, wenn ihr so wollt, durchaus auch eine spirituelle Evolution. Das ist im Sinne von einer Erweiterung des Bewusstseins zu verstehen. Alle Tiere, die für die Erhaltung jeglichen Gleichgewichts der Natur von Bedeutung sind, werden die Transformation ebenfalls vollziehen, jedoch werden auch sie ihr Bewusstsein erweitern. Das wird für euch größtenteils nicht wahrnehmbar sein, da es sich bei Mensch und Tier von Haus aus um zwei sehr verschiedene Bewusstseinsebenen handelt. Beide Ebenen sind jedoch durchaus von Bewusstheit durchtränkt.

Ihr werdet in der Fünften Dimension viel eher in der Lage sein, Seelen der Tierwelt zu erfassen und zu verstehen. Auch hier wird sich die Fähigkeit zur Kommunikation verbessern. Dies beinhaltet eure Empathie für die wunderbaren anderen Wesen dieser Existenzebene auf eurem Planeten.

Wir haben bereits erwähnt, dass ihr vermehrt in ein „Wir-Bewusstsein" gehen werdet. Dies umfasst nicht nur ein „Wir" auf menschlicher Ebene, sondern auch ein zunehmendes „Wir" mit den anderen Geschöpfen der Erde. Euer Verhältnis zu diesen anderen Erdenbewohnern wird zunehmend von Respekt und Achtung geprägt sein, und ihr werdet wieder in das Verständnis dafür kommen, dass es sich hier ebenfalls um Seelen handelt. Dieses Verständnis wird euch in die Lage versetzen, sie auch als solche zu behandeln. Es wird nicht mehr das derzeitige Wertigkeitsszenario geben, das da oftmals heißt. Mensch = wertvoll, Tier = Gebrauchsgegenstand.

Die Tiere selbst sind dieser falschen Wertigkeit NIEMALS unterlegen. Sie verfügen über eine ihnen ganz eigene Form von Weisheit, die sich euch oft nicht erschließt. Sie sind wunderbare Seelen, die durchaus bereit sind und waren; euch zu dienen, jedoch wisset eins: Sie haben sich euch niemals unterlegen gefühlt. Zwar hatten sie oft Angst vor euch, weil sie spürten, dass ihr sie nicht respektiert und achtet, doch das ist nicht das Gleiche, wie sich unterlegen zu fühlen. Sie haben euch mit all ihrer Liebe gewähren lassen, und nie den Glauben an euch verloren. Schaut euch doch einmal an, wie viel Vertrauen sie euch entgegenbringen. Es gibt wahrlich nur sehr wenige Tiere, die Menschen fressen. Hierbei handelt es sich in Wirklichkeit um Tiere, die so sehr unter ihrer eigenen Angst leiden, dass sie gewissermaßen die Orientierung in ihrem Sein verloren haben.

Das klingt seltsam für euch? Wir bitten euch, einmal ernstlich darüber zu reflektieren, wie oft ihr davon gehört habt, dass ein Tier einen Menschen wahrlich aufgefressen hat. Tiere töten gelegentlich Menschen, jedoch aus reiner Notwehr und Angst heraus. Und das kreidet ihr ihnen an? Wie sieht denn die Balance anders herum aus? Öffnet eure Augen und euren Verstand dafür, dass hier wahrlich ein Ungleichgewicht vorherrscht. Nun, es erfüllt unser Herz mit Freude, dass auch hier ein Wandel in eurem Bewusstsein stattfinden wird und ihr euer Herz wieder für diese wunderbaren Wesen öffnen werdet. Auch Tiere sind eine Ausdrucksform, die auf der Erde ihre absolute Daseinsberechtigung hat.

Habt ihr euch schon einmal überlegt, wie die Welt ohne Tiere wäre? Lasst bei dieser Betrachtung einmal den Aspekt der Nahrung beiseite und schaut euch losgelöst davon an, wie viel Schönes Tiere in ihren vielfältigen Ausdrucksformen in eure Welt bringen. Lasst sie leben, erkennt die Seelen, die sich hier ausdrücken. Ihr benötigt sie auch nicht für eure Nahrung. Seht sie als gleichberechtigte Daseinsform an, die es ebenfalls wünscht, sich auf der Erde zu erfahren.

Die Pflanzenwelt ist es, die euch für die Ernährung eures Körpers wahrlich zur Verfügung steht. Es wird euch in zunehmendem Maße wie Schuppen von den Augen fallen. Je mehr ihr euer eigenes Bewusstsein erhöht, umso mehr werdet ihr in der Lage sein, mit Tierseelen und allem, was ihr in der Natur vorfindet, ins gelebte „Wir" zu gehen. Das ist unabdingbar für euren Aufstieg, denn es ist das Bewusstsein der neuen Dimension. Auch die Natur ist beseelt. Dieses Verständnis werdet ihr wieder gewinnen und verstehen, dass wahrlich alles ein Großes Ganzes ist. Durch die Aktivierung all eurer DNA-Stränge bekommt ihr wieder Zugang zu dem Bewusstsein von allem, was euch umgibt, da sich all eure Kommunikationskanäle wieder öffnen. Durch euer erweitertes Verständnis, durch die Fähigkeit, euch wieder in alles einfühlen zu können, was lebt, werden sich euer Bewusstsein und euer Verständnis wahrlich erweitern.

Wir möchten nun noch auf eine weitere Daseinsform auf der Erde eingehen – die Zivilisation im Inneren der Erde. Diese Wesenheiten haben sich vor langer Zeit unter die Erde zurückgezogen. Sie taten es im Wissen um die Dinge, die geschehen würden, und haben bereits begonnen, den Aufstieg des Planeten Terra vorzubereiten, als ihr noch nicht wusstet, dass er kommen würde. Sie haben sich bereits vor langer Zeit dem vorherrschenden Massenbewusstsein entzogen und sich damit außerhalb jeglichen Machtzugriffs begeben. Das „alte" Bewusstsein aus den Zeiten, als noch Meister auf der Erde wandelten, haben sie sich bewahrt. Sie sind nicht dem „Vergessen" anheim gefallen. Um ihre Aufgabe zu erfüllen, war es für sie notwendig, sich eurem Bewusstsein zu entziehen. Sie haben dafür gesorgt, dass Terra nie vollständig in Unwissenheit verfällt, und haben Gaia zur Seite gestanden und ihr geholfen, die auch die für sie schwierigen Zeiten durchzustehen. Derzeit helfen sie Gaia, ihre Reinigungs- und Klärungsprozesse abzuwickeln.

Ihr Bewusstsein war nie so dicht wie eures, sie wussten sich zu entziehen. Der Preis, den sie dafür gezahlt haben, war die Entfernung vom Sonnenlicht. Sie haben in Zusammenarbeit mit Gaia für sich eigene Möglichkeiten des Ersatzes erschaffen. Gaia hat sich für sie bereit erklärt, die lebensnotwendige Energie für sie weiterzuleiten. Dies geschieht durch oberflächennahe Kristalle. Durch euren kristallinen Raubbau habt ihr dieser Zivilisation sehr geschadet, und so mussten viele dieser Seelen die Erde verlassen, da ihr damit ihre Lebensgrundlage zerstört habt. Oft habt ihr zerstörerisch in die Lebensgrundlage vieler Lebewesen eingegriffen.

Nun, sie werden wieder an die Oberfläche zurückkommen, denn ihre Aufgabe wird sich erfüllt haben, sobald der Aufstieg in die Fünfte Dimension vollendet ist. Das bedeutet, dass diese Seelen wieder in Menschenform inkarnieren können, denn die Menschen werden sich wieder zu Trägern von kosmischem Wissen entwickeln. Ihr werdet wieder die wahren Zusammenhänge zwischen Geist und Materie verstehen.

Diese Wesenheiten der unterirdischen Zivilisation haben das Wissen um diese Zusammenhänge nie verloren. Hätten sie sich euch in der Vergangenheit offenbart, hättet ihr sie wahrscheinlich „gesteinigt", doch jetzt wird sich euer Wissen dem ihren angleichen, sodass sie wieder in Freude mit euch zusammen an der Oberfläche leben können. Auch sie sehnen diesen Tag seit langem herbei. Sie haben sich nach unten begeben, da sie nicht bereit waren, euren Weg zu gehen. So haben sie sich jeglicher irdischen Manipulation entzogen. Das ist wertungsfrei zu sehen. Sie waren nicht „klüger" als ihr, sie wollten lediglich einen anderen Weg gehen.

In der Fünften Dimension werden sich beide Wege in Liebe und Freude wieder vereinen. Sie haben wertvolle Dienste für Gaia geleistet und haben ihr in ihren „dunklen" Tagen stets liebevoll zur Seite gestanden, da sie ihr in dieser Zeit näher gestanden haben als ihr. Zudem haben sie viel dazu beigetragen, dass Gaia niemals aufgegeben hat. Stets waren sie der Hoffnungsschimmer der Erde.

Wir bitten euch, diesen Wesenheiten mit Liebe zu begegnen, wenn sie ihre Seelen wieder mit euren im Menschsein vereinen. Sie haben ein tiefes Wissen um die Zusammenhänge der irdischen Natur und werden die Aufgabe übernehmen, euch dieses Wissen wieder näherzubringen. Sie haben für sich eine wunderbare Welt erschaffen, die stets in völligem Einklang mit Gaia und ihrem wunderbaren Körper war. Hört auf sie, wenn sie euch unterrichten, denn sie sind es, die die Erde wahrhaft verstehen.

Wirtschaft und Politik der Zukunft

Stellt euch einmal vor, wie eine Wirtschaft aussehen kann, in der ein „Wir" im Vordergrund steht, statt eines „Ichs". Das bedeutet nicht, dass es keinen Profit mehr gibt. Das wäre ein absolutes Missverständnis, denn auch das, was ihr Wirtschaft nennt, soll prosperieren, jedoch werden sich die Prämissen ändern. Bisher war es so, dass einige wenige großen Reichtum erlangt haben, andere einen gewissen Wohlstand, jedoch keinen Reichtum, und wiederum andere hatten gerade genug zum Leben. Es gab sehr viel Profit auf Kosten anderer. Dies ist kein wirkliches „Wir". Ein wirkliches „Wir" bedeutet: Wir leisten alle unseren Beitrag und teilen gerecht den Gewinn. Diese Situation hat es im alten Bewusstsein nur allzu selten gegeben, doch auch das wird sich ändern. Wir möchten jedoch darauf hinweisen, dass auch hier einige Zeit vergehen wird, bis ein vollständiger Wandel stattgefunden hat. Die alten Gegebenheiten sind noch zu sehr im globalen Massenbewusstsein verwurzelt.

Hier ist es wie mit dem Phoenix aus der Asche: Er muss erst verbrennen, bevor er auferstehen kann. Euch war meistens in den alten Systemen gar nicht bewusst, wie sehr ihr versklavt wart, denn ihr kanntet es nicht anders und habt die Dinge als gegeben hingenommen. Das wird sich ändern, da sich euer Bewusstsein ändert. Ihr werdet zunehmend in die „Rebellion" gehen, die euch zustehenden Rechte und Freiheiten realisieren wollen und nicht mehr bereit sein, euch Systemen aus dem alten Bewusstsein zu beugen, egal, wie diese heißen mögen.

Ihr werdet neue Systeme erfinden, in denen wahrlich der Einzelne respektiert und geachtet wird. Systeme, die die persönliche Entfaltung von Menschen unterstützen und fördern. Systeme, die keine unangebrachten Unterschiede in Bezug auf Entlohnung und Energieausgleich mehr machen. Systeme, die euch nicht einengen, sondern fördern, Systeme der Entfaltung. In eurem neuen Bewusstsein wird es gar nicht mehr anders möglich sein, denn ihr werdet aus eurem Dornröschenschlaf – und wer sagt, dass Dornröschen keine Alpträume hatte, während sie schlief? – erwachen.

Ihr könnt euch dieses derzeit noch nicht richtig vorstellen, aber ihr habt es bereits geplant. Worum geht es denn bei einer „erleuchteten" Wirtschaft? In ZUSAMMENARBEIT für alle das zu ERSCHAFFEN, was sie benötigen und wünschen, und um Gleichberechtigung. Nicht mehr und nicht weniger. Euer altes System war ein beispielloses Vorgehen in der Wertigkeit des menschlichen Egos. Einige wenige hatten das Sagen und die Macht, alle anderen beugten sich. Ihr dachtet, dass sich die Dinge im Laufe der Jahrhunderte wesentlich verbessert hätten, was in gewisser Weise eine Illusion war. Euch wurde, zumindest in manchen Teilen der Erde, mehr Geld zugestanden, die Prinzipien der Unterjochung blieben jedoch die gleichen. Das Mehr an Geld diente lediglich dazu, euch ruhigzustellen, euch quasi „einzulullen". Ihr habt es nicht gemerkt, sondern den „Komfort" genossen und euch nur noch tiefer in das Spiel des Vergessens hineinbegeben, denn es ging euch ja „gut". Ihr habt euch zu Sklaven einer Illusion namens „Geld" machen lassen. Viele von euch haben im wahrsten Sinne des Wortes ihre Seele verkauft. Ihr habt euch in Systeme begeben, die seelenlos waren, denn sie dienten ausschließlich dem Profit einiger weniger. Und diese haben es sehr klug verstanden, euch zu Dienern zu machen. Ihr habt eure Macht abgegeben. Nirgendwo so sehr wie im Bereich dessen, was ihr Wirtschaft nennt.

Wir möchten betonen, dass auch dies wertungsfrei zu sehen ist. Es war eine Erfahrung, die ihr machen wolltet, ihr habt dem zugestimmt. Im erweiterten Bewusstsein der neuen Dimension sind solche Szenarien jedoch nicht mehr in dieser Tragweite möglich. Es wird sich eine Wirtschaft entwickeln, die von wahrhaftig selbstbewussten Wesenheiten entwickelt wird.

Was bedeutet das konkret? Es bedeutet, dass sich jede beteiligte Wesenheit ihres Wertes bewusst sein wird. Jede Wesenheit wird sich dessen bewusst sein, dass sie einen wertvollen Beitrag zum Gesamten leistet. Und ihr werdet euch vor allem dessen bewusst sein, wie wertvoll der Beitrag der anderen zu einem wie auch immer gearteten Projekt ist. Dieses durchaus erhöhte Bewusstsein wird dazu beitragen, dass sich die Güter der Erde in einer neuen Form der Gerechtigkeit verteilen werden, denn die

Erde ist immer schon ein Planet der Fülle gewesen. Ihr müsst eure Seele, euren Körper, euer Wohlergehen nicht mehr verkaufen. Ihr könnt es anbieten, um zu Lösungen und Entwicklungen beizutragen, die für alle Bewohner der erde gut sind. Das ist etwas ganz anderes.

Ihr werdet in der Lage sein, in eurem neuen Verständnis die unterschiedlichen Angebote als gleichberechtigt wertvoll zu sehen und anzuerkennen, was dazu führen wird, dass es Freude im Bereich der „Arbeit" gibt, denn aus Sklaven werden Meister werden. Hierzu ist ein allumfassender Wandel im Bewusstsein, sowohl des Einzelnen als auch der Gesellschaft, vonnöten. Ihr müsst euch darum kein allzu großes „Kopfzerbrechen" machen, denn ihr habt auch diesen Wandel bereits geplant. Wenn jeder von euch sein Können und seine Freude einsetzt, werden großartige Dinge entstehen. Die Menschheit wird in ihrer Gesamtheit einen großen Fortschritt erleben, der sich auf alle anderen Bewohner des Planeten ausdehnen kann.

Es gibt einen schönen Spruch auf eurem Planeten: Freiheit – Gleichheit – Brüderlichkeit. Dies sind die Prämissen, die sich im Bewusstsein der Fünften Dimension wahrhaft entfalten können. Für all die Wesenheiten, die in ihrer Entwicklung noch nicht so weit sind, wird derzeit eine Parallelwelt erschaffen, in der sie verbleiben können, bis auch sie ihr Bewusstsein so weit erweitert haben, dass sie die Dimension wechseln können. Die Erschaffung der Parallelwelt geschieht in absoluter Liebe, da es respektiert wird, dass sie ihre eigene Geschwindigkeit der Entwicklung haben.

Eure Wirtschaft wird wahrlich mehr prosperieren denn je zuvor, da alle am „Gewinn" teilhaben werden. Die Polarität von „Gewinn und Verlust" wird so nicht mehr existieren. Diese beiden Extreme, die letztendlich Ausdruck ein- und desselben sind, werden sich auflösen beziehungsweise in der Mitte des Ausdrucks einpendeln. Wie heißt die Mitte dieses Ausdrucks? Wohlergehen. Denn Polarität ist als solches zunehmend auf dem Weg in die „Goldene Mitte". Diese ist wahrhaft golden, da sie eine goldene Mitte für alle Wesenheiten bedeutet. Polarität heißt Gewinn auf der einen und Verlust auf der anderen Seite.

Der Wohlstand wird sich in Zukunft anders verteilen, da sich auch ein profit-orientiertes Denken ändern wird. Profit im Materiellen ist nichts Schlechtes, denn es spricht nichts dagegen, für eine gute Leistung einen entsprechenden Gegenwert zu bekommen, so lange Gerechtigkeit und Gleichberechtigung walten. Das war auf der Erde lange Zeit nicht so, was daran lag, dass einige wenige die „Macht" hatten und bestimmt haben, wer welchen Gegenwert bekommt. Da sich jedoch auch das Machtdenken ändern wird, wird sich auch das Ich-bezogene Profitdenken abschwächen. Diese Entwicklung wird ebenfalls noch einige Zeit in Anspruch nehmen. Es wird quasi ein Lernprozess stattfinden, eine Bewusstseinserweiterung, die es erlaubt zu erkennen, dass Gleichberechtigung in einer besseren Gesellschaft vonnöten ist.

Irgendwann werdet ihr erkennen, dass Unterdrückung keiner Seele guttut, weder denen, die andere unterordnen, noch denen, die sich selbst unterordnen. Ihr werdet feststellen, dass wirtschaftliche Gefüge viel besser funktionieren, wenn es Freiheit des Tuns und Gleichberechtigung gibt. Auch in der Wirtschaft sind Achtung und Respekt, sowohl voreinander als auch vor den Tätigkeiten, die jeder Einzelne ausüben möchte und kann, erforderlich. Ihr werdet nicht mehr in die „innere Kündigung" gehen müssen, wie ihr es derzeit so oft tut.

Es ist schwierig, euch ein anderes Szenario zu erklären, da ihr noch sehr in den alten Strukturen verhaftet seid und euch etwas anderes schwerlich vorstellen könnt. Hier sind erst noch viele Reinigungsprozesse, sowohl im Inneren als auch im Äußeren erforderlich. Die Gleichberechtigung, die wir meinen, hat nichts mit eurem „Sozialismus" oder „Kommunismus" zu tun. Es ist eine Gleichberechtigung, die von innen heraus empfunden wird und sich deshalb im Äußeren spiegelt. Daher ist es eine wirkliche, eine echte Gleichberechtigung. Ihr werdet sie empfinden, denn sie wird fest in eurem geistigen Bewusstsein verankert sein. Es wird sich keinesfalls um eine verordnete Gleichberechtigung handeln, sondern um eine natürlich empfundene.

Vielleicht können wir es an einem Beispiel verdeutlichen: Der Aasgeier fühlt sich dem Adler nicht untergeordnet und umgekehrt. Es sind zwei gleichberechtigte

Arten, die lediglich andere Weisen der Ernährung haben. Im Tier- und Pflanzenreich gibt es keine Unterordnung im Sinne von Sklaverei. Jede Art tut, was ihr entspricht, und so entsteht ein ausgeglichenes Ganzes, das Zusammenspiel der Natur. Die Ameise hat auch keinerlei Bewusstsein dahingehend, dass sie vielleicht weniger wert wäre. Ihre Arbeit im Gesamtgefüge ist nicht weniger und nicht mehr wert.

Auch ihr werdet selbstverständlich weiterhin unterschiedliche Aufgaben übernehmen und unterschiedliche Talente haben. Jedoch wird euer Wertesystem einen grundlegenden Wandel erfahren. Hierzu bedarf es einer Bewusstseinserhöhung aller beteiligten Menschen. Dieses wird eine Erhöhung des Massenbewusstseins bewirken. Der Wertewandel wird dazu führen, dass ihr andere Tätigkeiten als gleichermaßen berechtigt und wertvoll ansehen könnt.

Derzeit ist es noch so, dass ihr auf viele Tätigkeiten herabschaut. Habt ihr euch schon einmal überlegt, welche Probleme ihr ohne eure Müllmänner hättet? Ihr schaut auf sie herab, weil sie sich mit schmutzigem und stinkendem Müll beschäftigen. Dabei ist es euer Müll! Ihr solltet ihnen dankbar sein, dass sie diese Aufgabe für euch erledigen, anstatt sie für ihre Tätigkeit zu verachten und so gering zu entlohnen. Das ist nur ein Beispiel für ein Wertesystem, das aus dem Gleichgewicht ist.

Je mehr ihr euer Bewusstsein erweitert, umso weniger werdet ihr den Wunsch verspüren, andere für ihre Tätigkeiten herabzuwürdigen. Euer Wertesystem hat wahrlich wenig mit Gleichberechtigung zu tun. Das spiegelt sich auch in euren Entlohnungssystemen wider, die willkürlich dem entspringen, was ihr als wertvoll klassifiziert. Ihr werdet erkennen, dass jeder einen wertvollen Beitrag leistet, einen Beitrag, auf den das „Wir" nicht verzichten kann. In dem Maße, in dem eure willkürlichen Wertigkeitsszenarien aus eurem Geist verschwinden, werden auch Ungerechtigkeiten verschwinden.

Ein erhöhtes Bewusstsein kann ein solches Denken nicht aufrechterhalten. Ein Umdenken wird zur Folge haben, dass jeder mit seiner Tätigkeit in einer anderen Würde dasteht. Wie sagt ihr so schön: Die Würde des Menschen ist unantastbar. Nun, bis dahin habt ihr noch einen Weg zurückzulegen, denn eure Realität sieht allzu oft anders aus. Ihr habt jedoch bereits den Plan für die neue Erde entworfen, und all dies ist Teil eures Plans. Ihr möchtet wissen und erfahren, wie es ist, wenn es anders ist. Ihr habt euch entschlossen, die Vergangenheit nicht mehr zu wiederholen.

Der Plan für die neue Erde wurde von euch in einer anderen Dimension geschmiedet, deshalb seid ihr euch dessen nicht oder nur zu einem Teil bewusst. Jedoch eure Seelen wissen um den Plan, sie gehören zu den „Architekten".

Wenn diese Worte in euch etwas zum Schwingen bringen, fragt ihr euch, weshalb das so ist? Ist es, weil wir euch von Utopia erzählen, oder weil eure Seele weiß, dass es so ist? Weil sie weiß, dass es diesen Plan gibt und sie daran mitgearbeitet hat? Oh ja, eure Seele freut sich sehr auf die Zeiten, die da kommen werden. Sie weiß, dass etwas Großartiges und Neues auf der Erde entstehen wird, erschaffen in und aus einem neuen, anderen Bewusstsein heraus. Sie weiß, dass eine Befreiung aus den alten Strukturen stattfinden wird und die alten Strukturen sich im neuen Bewusstsein nicht mehr halten können. Sie weiß, dass ein Ende von Knechtschaft und Unterdrückung kommen wird. Eine Zeit, in der es Seelen möglich sein wird, sich darin frei zu entfalten, was sie tun möchten. Eine Zeit, in der alle Aufgaben und Tätigkeiten als gleichberechtigt und gut wahrgenommen werden. Eine Zeit der großen gesellschaftlichen und wirtschaftlichen Veränderungen.

Die Wirtschaft wird wieder respektvoll mit Mutter Erde und all ihren Gütern umgehen. Sie wird aufhören, den Heimatplaneten um des Profits willen zu verletzen und zu zerstören. Denn ihr werdet erkennen, dass zu einem „Wir" auch Mutter Erde und alle ihre Bewohner gehören, dass auch sie gleichermaßen lebendig und berechtigt sind, nicht nur ihr und eure Mitmenschen. Auch hier sind eure Wertigkeitsszenarien völlig aus dem Gleichgewicht. Im neuen Bewusstsein wird sich das ändern können, da ihr wieder in die Liebe zu Allem-was-ist gehen könnt, das heißt, ihr werdet nicht mehr so abgetrennt im Bewusstsein sein.

Wird es euch deshalb materiell schlechter gehen? In keinster Weise. Es wird neue Erfindungen geben, die Produkte ersetzen, die schädlich für das Gesamte sind, dafür werden alte Produkte vom Markt genommen. Ihr werdet wahrlich wieder auf eure Umwelt achten, sie respektieren und ihr Wohl in eure Überlegungen mit einbeziehen. Hierbei wird es sich nicht um bloße Lippenbekenntnisse handeln, denn ihr werdet im klaren Bewusstsein der Zusammenhänge sein. Ebenso werdet ihr in der Lage sein, das Wohl des Einzelnen und des Gesamten miteinander zu verknüpfen. Wenn ihr euer Bewusstsein auf eine höhere Stufe gebracht habt, wird es euch nicht mehr anderes möglich sein, denn es ist ein Widerspruch in sich. Ein hohes Bewusstsein missachtet nicht das Wohl des Ganzen. Und so können Erde, Menschen, Pflanzen, Tiere, Umwelt, Natur, Wirtschaft und Industrie wieder harmonisch und wahrhaft produktiv leben und existieren. Hierzu bedarf es noch vieler Umwälzungen, aber wir sagen es noch einmal: Ihr habt sie bereits geplant. Fühlt tief in euch hinein, und ihr werdet es wissen. Euer Herz und eure Seele werden es euch sagen.

Lasst uns nun auf eure Politik eingehen. Ihr werdet einen Wechsel der Machthaber beobachten. Despoten können sich in der neuen Energie nicht halten, dieser Wechsel wurde bereits eingeleitet. Der neue Präsident der Vereinigten Staaten von Amerika spielt eine wesentliche Rolle beim Übergang, was vielen von euch bewusst ist. Selbst diejenigen, die nicht um die wahren Zusammenhänge wissen, fühlen sich zu ihm hingezogen. Aber es wird noch weitere Wandel geben, viele Machthaber werden verschwinden, denn auch in der Politik wird es ein Umdenken hin zum „Wir" geben.

Es werden weiterhin einzelne Länder und Staaten bestehen, aber es wird ein verstärktes Verständnis dafür geben, dass die Erde EINS ist und dass man sie nicht in Länder aufteilen kann, die gegen- und nicht miteinander arbeiten. Denn die Erde ist euer aller Heimatplanet. Es wird ein Verständnis dafür aufkommen, dass es nicht geht, sie an einem Ende zu unterstützen und am anderen Ende zu zerstören. Es wird noch etwas dauern, doch die Erde wird ein friedlicher Planet werden, auf dem ein Zusammenleben in Harmonie möglich sein wird. Ihr werdet sagen, dass die Politik dabei eine Schlüsselrolle spielt, doch die Politik und die Politiker – das seid ihr! *Selbstverständlich* werdet ihr im neuen Bewusstsein auch eine neue Politik erschaffen, ihr werdet gar nicht anders können. Wie im Kleinen, so auch im Großen, und umgekehrt. Dies bedarf keiner weiteren Worte von unserer Seite, denn ihr habt auch dieses bereits geplant.

Die Länder und Staaten werden miteinander das Leben auf der Erde zum Wohl aller Bewohner und von Mutter Erde gestalten. Es wird einige Zeit in Anspruch nehmen, bis sich das entsprechende Massenbewusstsein gebildet hat, doch der Tag wird kommen. Beobachtet den Wechsel der Machthaber und den hin zu neuen Paradigmen. Es wird euer Herz mit Freude erfüllen. Der Wandel des Bewusstseins ist allumfassend und wird sich durch alle Bereiche des Lebens auf der Erde ziehen. Eines Tages wird der Wandel vollständig vollzogen sein. Dann wird ein Aufatmen durch euer Sein gehen, die Dämmerung eines neuen Tages. Der Plan ist fest in eurer Seele verankert – auch wenn er euch vielleicht noch nicht vollständig bewusst ist. Ihr habt euch bereits entschieden, den Plan Realität werden zu lassen, und das ist gut so. Länder und Menschen werden sich nicht mehr voneinander abgrenzen müssen, sich nicht mehr anfeinden und vernichten, denn das ist im gehobenen Bewusstsein nicht mehr möglich.

Die Erde hat sich lange Zeit für diese eure Erfahrungen in der Dritten/Vierten Dimension zur Verfügung gestellt. Oh ja, auch sie hat darunter gelitten. Seid in Liebe dankbar dafür. Bedankt euch bei diesem wundervollen Planeten, der nie den Glauben an euch verloren hat, egal, was auch geschehen ist. Vollzieht mit ihm in Freude den Wandel in ein wahrhaft neues Zeitalter.

Gesundheit in der Neuen Zeit

Helios

Ihr werdet wieder lernen, mit eurem Körper zu kommunizieren. Es ist seltsam, ihr habt euch in der Vergangenheit so sehr mit eurem körperlichen Dasein identifiziert, dass ihr oft eure Seele vergessen habt. Und trotzdem war euch euer Körper so fremd, und nur wenige von euch konnten tatsächlich mit ihm kommunizieren und wahrhaftig erkennen, wie es ihm ging, was er brauchte – so mit ihm kommunizieren, dass ihr ihn meistern konntet, ihn verändern, ihm helfen, wenn er Hilfe benötigte.

Stattdessen habt ihr die Macht über euer körperliches Wohlergehen in die Hände anderer gelegt, in die Hände von Menschen, die nicht *wirklich* Bescheid wussten. Denn der Stand eurer medizinischen Wissenschaften ist wahrhaft erbärmlich. In der Meisterschaft geht es jedoch darum, selbst mit dem eigenen Körper zu kommunizieren, den physischen Körper liebevoll nach den eigenen Wunschvorstellungen zu verändern. Sei es, um ihn gesund werden zu lassen, sein Aussehen, wenn ihr es wollt, im Rahmen des Möglichen zu verändern oder ihn zu verjüngen. Da ihr euch dem Wissen öffnen werdet, werdet ihr es auch empfangen, denn eure Seele ist dazu in der Lage, ihr müsst es nur erkennen. Und ihr werdet es erkennen. Eure Seele ist so mächtig!

Eure derzeitigen Gesundheitssysteme werden ganz

von alleine zusammenbrechen, denn ihr werdet sie, längerfristig betrachtet, in dieser alten Form nicht mehr brauchen. Sie sind untauglich, weil sie von Unwissenheit durchtränkt sind. Ihr werdet in der Neuen Zeit Schritt für Schritt euer Wissen und auch eure Fähigkeiten erweitern. Krankheit entsteht dadurch, dass die Zellen mit Informationen durchtränkt werden, die auf gelebten Disharmonien beruhen. Der Geist, der in Disharmonie ist, überträgt seine Schwingungen auf die zellulare Ebene. Der Körper ist euer folgsamer Diener und manifestiert auf der physischen Ebene das, was euer Geist ihm vorgibt. Er kann gar nicht anders, denn der Geist ist der Schöpfer, nicht der Körper. Dieser ist eine Form der Manifestation des Geistes. Im Körper zeigt sich, was der Geist denkt, er ist in gewisser Weise wie eine Leinwand, auf der ein Film abgespielt wird. Der Leinwand ist egal, was im Film gezeigt wird, sie spiegelt ihn wertungsfrei und uneingeschränkt, sozusagen unzensiert.

In der Fünften Dimension, nachdem ihr den Aufstieg vollzogen habt, hat sich durch die vorhergehende Bewusstseinserweiterung natürlich euer Geist verändert, er wird andere und neue Filme auf die Leinwand projizieren. Ihr werdet viel weniger erkranken, und wenn es einmal vorkommt, könnt ihr sehr schnell die Ursachen erkennen und auflösen. Es wird weiterhin Heiler geben, Wesenheiten, die euch bei euren Prozessen hilfreich zur Seite stehen. Jedoch werden dies Wesenheiten sein, die ihr Wissen an euch weitergeben, damit auch ihr diese Form der Weisheit erlangen könnt. Es wird sich dabei um Wesenheiten handeln, die sich auf dieses Wissen spezialisiert haben. Sie werden nicht vortäuschen, die Macht über die Gesundheit *eures* Körpers zu haben, sondern ihr Wissen und ihre Kenntnisse mit euch teilen, damit ihr lernt und euch erweitert.

Das ist ein völlig anderer Ansatz. In Wahrheit werden sie Lehrer sein, denn ein Heiler arbeitet auf allen Ebenen: Körper, Seele und Geist. Sie werden euren Körper, eure Seele und euren Geist berühren. Die Heiler eurer Bewusstseinsebene sind ebenfalls dabei, ihr Bewusstsein zu erweitern, denn viel Wissen ging verloren, und die meisten von ihnen befinden sich derzeit in Schulung. Wir sprechen hier von wirklichen Heilern, nicht davon, was ihr heute Schulmedizin nennt. Diese wird jedoch auch einen grundlegenden Wandel erfahren. Auch hier werden sich die alten Paradigmen nicht halten können, denn die Menschheit als Gesamtes strebt an, wissend zu werden.

Es werden zunehmend Seelen geboren, die es sich zur Aufgabe gemacht haben, das Wissen wieder auf die Erde zu bringen. Derzeit habt ihr noch eine ziemlich „kranke" Gesellschaft. Euer Bewusstsein wird sich jedoch dahingehend wandeln, dass ihr *erkennt,* was den Körper krank macht. Und so werdet ihr in das Verständnis dafür kommen, wie ihr dieses verhindern könnt. Natürlich gehört dazu auch, dass ihr erkennt, welche Umwelteinflüsse schädlich für eure Biologie sind. Euer Aufstieg ist ein Gesamtprozess, der sich uneingeschränkt durch alle Bereiche eures Lebens zieht, da diese absolut und uneingeschränkt Hand in Hand gehen. Ihr könnt nicht euer Bewusstsein in einem Bereich erweitern und in anderen stagnieren oder Rückschritte machen.

Es ist bereits sichergestellt, dass euch alle notwendigen Informationen zur Verfügung stehen werden. Selbstverständlich ist es euch überlassen, auf diese Informationen zurückzugreifen, oder auch nicht. Wir werden euch weiterhin hilfreich zur Seite stehen und euch alle Informationen anbieten, die ihr braucht. Wir werden euch helfen, die Schöpfung und ihre Zusammenhänge wieder zu verstehen, denn es ist eine Aufgabe, zu der wir uns verpflichtet haben und die wir in größter Liebe übernehmen. Es ist uns eine Ehre und eine Freude, diese Aufgabe für euch zu erfüllen. Ihr seid geachtete und zutiefst geliebte Wesen. Es ist stets euer Bestreben gewesen, wieder zum wahren Kern eures Seins zurückzufinden. Es war stets unser Bestreben, euch dabei hilfreich zur Seite zu stehen. Heilung wird stattfinden – allumfassende Heilung auf allen Ebenen. Ihr werdet als Meister aus euren Erfahrungen hervorgehen. Das ist die größte Heilung, die es gibt. Ihr könnt wahrhaft stolz auf euch sein, da ihr die tiefsten Tiefen erlebt und gemeistert habt. Ihr seid vor keiner Erfahrung der physischen Ebene zurückgeschreckt, sondern habt gelernt, sie zu meistern und eure Seele zu heilen.

Es wird ein Leichtes für euch sein zu lernen, wie ihr euren Körper heilen könnt, auch wenn vielen von euch das jetzt noch nicht möglich ist. Warum ist es euch noch nicht möglich? Weil ihr es euch nicht zutraut. Ihr könnt es jetzt bereits alle, ohne Ausnahme. Ihr habt es immer gekonnt, es jedoch vergessen und den Glauben an eure Größe verloren. Die Größe war jedoch jederzeit gegeben. Ihr habt euch in ein Bewusstsein der „Kleinheit" begeben, weil ihr wissen wolltet, wie es ist. Es war jedoch nie euer Plan „klein" zu bleiben, denn das ist eine Illusion. Ihr wolltet die Erfahrung von Krankheit und Hilflosigkeit machen. Euer Durchstehen hat euch zu Meistern gemacht – Meister der Erfahrung. Jetzt könnt ihr loslassen – die Erfahrung gehen lassen. Ihr müsst sie nicht wiederholen, da ihr sie euch zu eigen gemacht habt. Wir laden euch ein, den Weg der Heilung zu vervollkommnen. Es ist unabdingbar, zuerst Seele und Geist zu heilen, da der Körper lediglich ein Spiegel des Zustands von Seele und Geist ist. So ist das Gesetz.

Wie könnt ihr eure Seele und euren Geist heilen? Durch Erkenntnis. Das ist der einzige Weg. Erkenntnis davon, warum die Dinge so sind und waren. Erkenntnis dessen, was wirklich ist, nicht was euer Verstand euch sagt, er ist ein Ratgeber mit sehr begrenztem Horizont. Erkenntnis, die mit dem Herzen und der Seele gewonnen wird. Es ist hierfür unabdingbar, dass ihr das „Alte" hinter euch lasst. Ihr müsst euch vollständig öffnen, dann kann das Alte gehen und das Neue kommen. Wenn ihr das Alte unter Verschluss haltet, kann nichts geschehen. Öffnet euch den neuen Energien und dem Wissen. Dieses wird seit einiger Zeit in vielfältiger Form zu euch gebracht. Wenn ihr feststellt, dass etwas nicht mehr funktioniert, dann wisst ihr, dass es „alt" ist.

Ihr müsst viele eurer seit Generationen gewonnenen festgefahrenen „Erkenntnisse" gehen lassen, denn sie beruhen nicht auf Wahrheit. Viele von euch müssen ihr komplettes „Weltbild" umstülpen, als erstes das Bild, das ihr von euch selbst habt. Vieles war Illusion und möchte jetzt korrigiert werden. Je mehr ihr ins Wissen kommt, umso mehr könnt ihr euch heilen, und das müsst ihr selbst tun. Wir können euch nicht heilen, denn das wäre nicht der richtige Weg. Der Weg in das Neue Zeitalter muss von euch gegangen werden. IHR müsst das Wissen erlangen und umsetzen. Wir haben das Wissen bereits. Die, die ihr Aufgestiegene Meister nennt, sind den Weg bereits gegangen. Auch sie mussten ihn selbst gehen. Niemand „wird" aufgestiegen, denn das wäre gegen den freien Willen. Ihr habt vor langer Zeit den Willen bekundet, Meister über die Materie werden zu wollen. Nun, wie sagt ihr so schön: Es ist noch kein Meister vom Himmel gefallen. Auch in eurer Ebene will der Weg der Meisterschaft erlebt werden.

Jede Seele, die zum ersten Mal in der Materie inkarniert, ist ein „Anfänger". Eine Seele, die dieses möchte, muss erst lernen, Meister in der Materie und aus der Materie heraus, ein Meister über die Materie zu werden. Für diesen Prozess hat jede Seele genau die Zeit, die sie sich nehmen möchte. Das ist der Grund, warum ihr in der Materie seid. Weil es euch interessiert hat. Nun, ihr habt bereits gelernt, in der Materie krank zu werden. Jetzt ist es an der Zeit zu lernen, in der Materie gesund zu werden und zu sein. Alles, was ihr erschafft, könnt ihr auch entschaffen. Es sind lediglich zwei Pole ein- und derselben Sache. Gesundheit und Krankheit sind die beiden Pole von „Gesundheit". Den Zustand Gesundheit könnt ihr in beide Richtungen manipulieren, wie es euch beliebt. Ihr müsst es nur erkennen, und eure Erkenntnis umsetzen. Dazu ist unabdingbar, erst einmal zu erkennen, was zur Erschaffung einer Krankheit beigetragen hat. Dann könnt ihr die Ursache umkehren und so die entgegensetzte Richtung einschlagen, was sofortige Heilung bewirken wird.

Wendet euch ab von eurem bestehenden Gesundheitssystem, denn es ist in Wahrheit ein System, das euch in Krankheit gefangen hält. Euch wird lediglich vorgegaukelt, dass es ein Gesundheitssystem ist. In Wahrheit werdet ihr immer tiefer in eure Krankheiten verstrickt. Das ist nicht die Schuld von Einzelnen, wir bitten euch, eure Ärzte nicht zu verdammen. Sie sind lediglich ein Teil des noch vorherrschenden Massenbewusstseins. Es war nie ihre Absicht, euch zu schaden, die meisten von ihnen wissen es nicht besser. Jedoch ist es für euch nicht von Vorteil, euch diesem unwissenden System anzuschließen.

Hört auf, die Macht über eure Gesundheit bedenkenlos in die Hände von anderen zu legen, denn eure Machtabgabe fördert das alte System. Auch das wird zu eurer

Bewusstseinserweiterung beitragen.

Ihr könnt nicht in einem Bereich bewusst werden und gleichzeitig in einem anderen Bereich weiterhin eure Macht abgeben. Euer Bewusstsein ist nicht in Teile aufgespalten. Es ist richtig, dass eine Bewusstseinserweiterung in der Regel schrittweise vor sich geht, jedoch niemals „aufgespalten". Ihr solltet diese Spaltung auch nicht anstreben, denn damit würdet ihr eurer wunderbaren Seele nicht gerecht werden, ihr würdet ihr nur Schaden zufügen. Gestattet ihr stattdessen, sich frei zu entfalten. Das kann sie jedoch nur, wenn ihr eurer Seele erlaubt, ganzheitlich zu sein und zu wirken. Dazu ist es unabdingbar, sich aus den alten Systemen und Denkmustern zu lösen, denn diese sind nicht dazu angetan, euch in die Macht der vollständigen Selbstheilung auf allen Ebenen zu bringen.

Die alten Systeme werden Widerstand leisten, denn es waren ja schließlich Machtsysteme. Lasst euch davon nicht beeinflussen, sie können euch nicht zurückhalten, wenn ihr es nicht wollt. Geht unbeirrt weiterhin den Weg, bei dem ihr spürt, dass er für euch richtig ist. Folgt dem Ruf eurer Seele und lasst euch von ihr leiten. Sie möchte, dass ihr gesund seid. Ihr habt die Erfahrung von Krankheit in vielen Inkarnationen bereits gemacht, es ist nicht nötig, sie zu wiederholen. Eure Seele möchte jetzt lernen, den Prozess umzukehren, dann ist sie auch auf diesem Gebiet ein Meister. Verlasst euch dabei nicht zu sehr auf Heiler, es sei denn, sie helfen euch, ins Verständnis zu kommen.

Hört nicht mehr auf diejenigen, die vorgeben, etwas für euch zu tun, bei dem ihr nicht wisst, was sie tun. Hört nicht mehr auf diejenigen, die selbst nichts wissen, denn sie werden euch nicht helfen können. Lernt wahrlich, wie ihr euch selbst helfen könnt.

Es gibt Wesenheiten in eurer Ebene des Seins, die euch das Wissen vermitteln können und wollen. Sie sind es, die wollen, dass ihr eure Macht wieder erlangt. Wendet euch an sie, damit sie ihr Wissen mit euch teilen können, denn sie haben sich dazu bereit erklärt. Sie können euch tiefes Wissen über das Sein in der Materie vermitteln und werden es tun, wenn ihr sie darum bittet. Sie können euch lehren, wie ihr euch selbst heilen könnt, und wissen um den Wunsch eurer Seele, Meisterschaft zu erlangen, da sie denselben Ruf in sich verspüren und ihm folgen. Wie findet ihr sie? Folgt dem Ruf eurer Seele, sie wird euch leiten. Sie weiß, wo diese Wesenheiten zu finden sind. Wenn ihr sie trefft, hört euch an, was sie zu sagen haben. Lernt euch selbst zu heilen, es ist viel einfacher, als ihr denkt. Wir sagen es noch einmal: Ihr müsst lediglich die Prozesse erkennen, die dazu geführt haben, dass ihr krank geworden seid, und diese in ihr Gegenteil umkehren. Das wird eure Heilung bewirken.

Wir möchten an dieser Stelle erwähnen, dass es durchaus Seelen gibt, die den Prozess der Krankheit zum ersten Mal erfahren möchten. Das betrifft jedoch nur einen kleinen Teil der Menschheit. Für die meisten von euch trifft das Gegenteil zu. Ihr wart schon oft auf der Erde und möchtet jetzt den Prozess der Heilung lernen und verstehen. Wieso konntet ihr das vorher nicht? Weil euch das Bewusstsein gefehlt hat. Ihr habt nicht verstanden, was euch krank macht, deshalb konntet ihr diesen Erschaffungsprozess auch nicht umkehren. Ihr werdet nun jedoch immer schneller in die Erkenntnis kommen, wenn ihr es wünscht. Alles, was ihr braucht, ist der Wille, alles Weitere wird sich einstellen. Und etwas Geduld. Gestattet den Dingen, sich in dem komplexen Zusammenspiel eures Daseins zu entfalten.

So kann sich dann auch auf eurer Ebene des Daseins ein Gesundheitssystem entwickeln, mit Fokus auf natürliche Gesundheit. Es bedarf eines Wechsels des Fokus. Dieser beginnt bei jedem Einzelnen von euch, damit er schließlich Massenbewusstsein werden kann.

Mensch und Natur

Das Leben auf der Erde insgesamt wird sich verändern, auch das, was ihr als Natur bezeichnet. Ihr werdet der Natur mit neuem Respekt begegnen und nicht mehr versuchen, sie zu unterjochen. Ebenso werdet ihr auch in das Verständnis dafür kommen, dass die Natur euch alles gibt, was ihr braucht, dazu müsst ihr sie nicht zwingen. Ihr werdet in zunehmendem Maße verstehen, was eure Zerstörungen anrichten, und dieses Wissen in die Tat umsetzen, da das „Wir" alles auf dem Planeten einschließt. So werdet ihr Möglichkeiten der Nahrungsmittelgewinnung entdecken, die im Einklang mit der Natur und all ihren Lebewesen sind und euch davon abwenden, Nahrungsmittel zu erschaffen, die Gift für euch und eure Mitmenschen sind, so wie es im alten Bewusstsein aus Profitgier geschehen ist. Ihr werdet die Ressourcen der Erde mit Weisheit nutzen, anstatt sie auszubeuten, und damit aufhören, Tiere zu peinigen. Euer Herz wird das nicht mehr zulassen, da ihr die Göttlichkeit auch in ihnen erkennen könnt. Ihr werdet wieder ein Verständnis für die NATÜRLICHE Harmonie auf eurem Planeten bekommen und euch auf natürliche Weise in diese Harmonie einfügen, indem ihr wieder Respekt und Achtung bekommt für alles, was lebt, einschließlich des Planeten Erde als Ganzes.

Ihr werdet keine Tier- und Pflanzenarten mehr ausrotten. Es kann sein, dass Tierarten freiwillig die Erde verlassen, weil sie sich so entschieden haben, was etwas anderes ist. Vom Fleischkonsum werdet ihr euch zusehends entfernen, da ihr erkennen werdet, dass die Erde euch auch so alles gibt. Ihr müsst keine seelenvollen Lebewesen töten, um euch ein schmackhaftes Essen zubereiten zu können. Die Pflanzenwelt stellt euch ihre Früchte in Hülle und Fülle zur Verfügung, ebenso überaus schmackhafte Gewürze. Es wird ein Aufatmen durch die Tierwelt gehen, wenn ihr ihnen wieder gestattet, zu sein. Wenn ihr wieder in Liebe verbunden seid, denn auch sie haben Seelen und möchten keinesfalls von euch getötet oder ausgerottet werden.

Eure Bewusstseinsveränderung wird für den ganzen Planeten und alle seine Bewohner ein großes Aufatmen bedeuten, euch selbst eingeschlossen, denn ihr seid durchaus ein Teil dieser Natur. Die Natur ist voller Liebe. Lange Zeit wart ihr nicht oder nur eingeschränkt in der Lage, dieses wahrzunehmen. Schaut den Tieren in die Augen. Betrachtet ihre Schönheit. Fühlt, dass auch sie mit Liebe erfüllt sind. Fühlt euch in sie hinein, und dann trefft eure Entscheidungen. Trefft diese auf keinen Fall mit eurem Verstand, dieser kann Liebe und Harmonie nicht erfassen, sondern mit dem Herzen, nachdem ihr in die seelenvollen Augen der Tiere geschaut habt. Gestattet ihnen wieder ihr Dasein.

Das könnt ihr, wenn ihr all eure Ängste und euer Mangelbewusstsein hinter euch gelassen habt, denn diese kommen nicht aus dem Herzen. Auf der neuen Erde werdet ihr sie nicht mehr braucht, denn ihr werdet eure Unwissenheit abgelegt haben. Das bedeutet, dass ihr wieder im Einklang mit der Natur und in dem Bewusstsein, ein Teil davon zu sein, erschaffen könnt, nicht abgetrennt davon. Man sagt auf eurer Ebene: Machet euch die Erde untertan. Das ist ein Machtkonzept. Wieso solltet ihr euch die Natur untertan machen, wenn ihr ein TEIL davon seid? Würde das nicht bedeuten, einen anderen Teil von euch selbst zu unterjochen?

Ebenso wie die Menschheit versucht die Natur zu unterjochen, so habt ihr einander unterjocht. Wie oben, so auch unten, wie außen, so auch innen. Das war ein Konzept der Alten Zeit. Das Konzept der Neuen Zeit hat mit Freiheit zu tun.

Ihr müsst die natürliche Harmonie nicht erschaffen, sie besteht bereits. Ihr müsst euch lediglich wieder eingliedern – verstehen, was diese Harmonie ausmacht. Die Natur bringt sich nicht selbst aus dem Gleichgewicht, da sie den göttlichen Funken in sich hat. Der göttliche Funke ist nicht disharmonisch, niemals. Das bedeutet nicht, dass die Natur von sich aus statisch ist, ebenso wie ihr ist die Natur bestrebt, sich weiterzuentwickeln und zu entfalten. Auch sie möchte das Unbekannte bekannt machen, und so hat sie immer neue Formen entwickelt. Schaut euch die unglaubliche Vielfalt auf eurem Planeten an. Ist sie nicht bewundernswert, ist sie nicht würdig, geachtet und respektiert zu werden? Das perfekte Zusammenspiel bis auf die Ebene der kleinsten Elemente und Lebewesen – ein wahrhaftes Wunderwerk. Eine Explosion sich realisierender Möglichkeiten und Potenziale.

Gliedert euch wieder ein, anstatt euch im menschlichen Dasein von der Natur ab- und auszugrenzen. Hört auf, so zu tun, als ob ihr außerhalb der Natur stehen würdet. In dem Moment, in dem eure Seele sich auf die Erde begibt, werdet ihr ein Teil davon. Ein perfekter Teil in einer perfekten Gesamt-Symphonie, die sich stetig erweitert. Fühlt euch in die Natur hinein, verschmelzt mit ihr, dann werdet ihr verstehen und in der Lage sein, neue Konzepte für eure Ressourcengewinnung zu erfinden, die im Einklang sind. Fühlt euch in den Einklang hinein, damit alles auf der Erde ein gleichberechtigtes Nebeneinander und Miteinander werden kann. Geht den Weg des Herzens, denn das ist der Weg des Neuen Zeitalters auf eurem Planeten. Euer Herz wird euch den Weg zeigen, ihr müsst es nur lassen.

Eure Herzensenergie ist eure Seelenenergie. Eure Seele weiß um Liebe und Respekt. Hört das Aufatmen der Natur, wenn sie wieder eure Liebe spürt. Viele Disharmonien werden dadurch aus eurem Sein verschwinden, da ihr nicht nur euch heilt, sondern auch alles, was um euch herum ist. Viele Krankheiten und Plagen können vom Antlitz der Erde verschwinden, denn die von euch erzeugten Disharmonien haben sie hervorgebracht. Eine Erde, die im perfekten Gleichgewicht ist, kennt keine Krankheiten.

In dem Maße, in dem euer Geist gesundet, werdet ihr in der Lage sein, alles um euch herum gesunden zu lassen. Erfreut euch an den Schönheiten und Gaben der Natur, sodass auch sie sich wieder an euch erfreuen kann. Stellt euch nicht über sie. Wir sagen es noch einmal: Ab dem Moment, in dem ihr Mensch werdet, seid ihr ein Teil von ihr.

Die Natur auf der Erde wird sich nicht schlagartig wesentlich verändern, sie wird lediglich aufatmen und von euch wieder die Chance bekommen, ihren natürlichen Weg mit euch gemeinsam zu gehen. Es ist ein Weg in die Liebe und in die Freude. Ihr werdet wissen, dass ihr die Natur nicht zu fürchten braucht, ihr müsst sie und ihre Gesetze lediglich verstehen. Jedoch ist nicht alles Gesetz in der Natur, was ihr als solches versteht, denn ihr neigt dazu, Naturbeobachtungen zu machen und diese zu Naturgesetzen zu erklären. Das ist eine sehr kurzfristige Betrachtungsweise. In Wahrheit sind eure Naturgesetze sehr einfach: Entfaltung in Harmonie mit dem Gesamten. Entwicklung. Und sonst nichts.

Eure Wissenschaften tun nichts anderes, als diese Entwicklungen zu analysieren, etwas bereits Bestehendes zu untersuchen. Aber sie sind nicht in der Lage, Natur zu erschaffen. Denn sie verfügen nicht über die Kunst des Lebensfunkens, der aus der Liebe entspringt. Wenn ihr auf der Erde inkarniert, werdet ihr ein Teil dieses wunderbaren Gebildes, genannt Erde, und könnt euch mit ihm gemeinsam entfalten und ausdrücken. Im Neuen Zeitalter werdet ihr für euch die Möglichkeit erschaffen, euch wieder in Harmonie mit Allem-was-ist zu entwickeln und allen Lebensformen die Freiheit zu geben, die sie brauchen. Euer Herz und eure Seele werden es nicht mehr anders zulassen.

Freiheit

Eure Bewusstseinswandel wird es euch gestatten, in die Freiheit zu kommen. Ihr werdet euch nicht mehr von den Illusionen der Materie blenden lassen, sondern das Bewusstsein der reinen Körperlichkeit, dem ihr so lange verhaftet wart, auflösen. Ihr werdet euch wieder eurer Seele erinnern und als die große Seele auf Erden wandeln, die ihr wahrhaftig seid. Eure Form wird nach wie vor körperlich, aber euer Bewusstsein wird ein anderes sein. Lange Zeit erschien es euch, als ob ihr nur ein Körper wärt, die Existenz der Seele war oft eine bloße Ahnung, ihr wart tief verhaftet in den Spiegelungen der Materie.

In diesem Bewusstsein habt ihr euch nicht frei gefühlt. Die Neue Energie hilft euch, dieses Bild zu korrigieren. Das Wissen darum, was wirklich ist, wird dazu führen, dass ihr frei seid. Frei von Illusionen, frei von Anhaftungen, frei von Ängsten. Das wird nach und nach euer gesamtes gesellschaftliches Gefüge ändern. Ihr werdet frei sein, das zu tun, was ihr tun wollt, und wissen, wie ihr eure Realität erschafft und dieses Wissen in Freiheit anwenden. Eure Seele kann sich wieder auf der Erde entfalten, ohne die Knechtschaft der Illusion des menschlichen Egos.

Auf diesen Moment freut sich eure Seele schon sehr lange, denn sie möchte auch im Körper den Raum einnehmen, der ihr gebührt. Ihr hattet es gewählt, den schwierigen Weg zu gehen, und ihr habt ihn gemeistert. Eure

Seele ist dadurch gewachsen. Trotzdem ist es für sie eine Erleichterung, in das Neue Zeitalter zu gehen, denn sie hatte viele leidvolle Erfahrungen zu bestehen, bevor sie sich zur Meisterschaft der irdischen Erfahrungen erheben konnte. Jetzt ist es so weit. Meisterschaft bedeutet Freiheit. Es gibt keine Erfahrungen, die ihr noch machen müsst. Ihr habt sie bereits alle gemacht. Es wird für euch kein Gefühl des Abgetrenntseins von eurer Seele und der göttlichen Quelle mehr geben. Ihr wart immer frei, nur habt ihr es meistens nicht gewusst.

Es kann sein, dass euch diese Freiheit eine Zeit lang irritiert, da sie ungewohnt ist. Hört auf eure Seele, spürt ihre Freude und lasst euch leiten. Eure Seele wird ihren Weg in Freude gehen, denn sie liebt Freiheit. Es ist für uns eine große Freude. Wie möchten euch beglückwünschen und euch mitteilen, welch großen Respekt wir für euch empfinden. Wir begrüßen euch im Neuen Zeitalter der Erde und werden mit euch ein Fest der Freude und der Freiheit feiern.

MOR E' SΛLAM[1]

---

1 Gruß der Geistigen Welt

Nachwort

Ich bin seit über zwei Jahrzehnten mit der Geistigen Welt und den Aufgestiegenen Meistern im Kontakt. Dies geschah zuerst nur auf der persönlichen Ebene zu meiner eigenen Schulung, dann auch zunehmend in der Form, dass ich für andere Menschen den Kontakt herstelle.

Vor einigen Monaten nahm Saint Germain Kontakt zu mir auf und ließ mich wissen, dass er und Helios mir Informationen über das Leben auf der Erde nach 2012 übermitteln möchten. Ich war sehr erstaunt und in dem Moment, ehrlich gesagt, vor Ehrfurcht fast erstarrt. Saint Germain und Helios haben herzlich gelacht und mich ermutigt.

Während ich die Informationen empfing, waren immer beide Meister „anwesend". Wenn sie sprachen, war es für mich so, als wenn sie eins wären, manchmal hat sich allerdings einer der beiden Meister explizit geäußert, was ich entsprechend gekennzeichnet habe.

Die Zeiten des Schreibens waren wunderschön, da ich mich jedes Mal in dieser herrlichen Energie befand. Die Inhalte, die mir vermittelt wurden, berührten mich zutiefst und brachten mich in ein tieferes Verständnis. Mir wurde klar, worum es auf der Neuen Erde nach 2012 geht. Ebenso fing der Weg an, sich mir zu eröffnen, und ich habe verstanden, worauf es ankommt und was das Ergebnis für alle Bewohner der Erde sein wird. Ich habe ebenso verstanden, dass wir alle diese Dinge bereits vor langer Zeit genau so geplant haben.

Für uns ist dieses Buch ein Wegweiser. Es zeigt die neue Richtung an, in die die Menschheit gehen wird – ein wunderschöner Weg! Und es zeigt auch, was wir brauchen beziehungsweise, welche Entwicklung jeder von uns persönlich benötigt, um diesen Weg zu vollenden.

Ich bitte euch, jedes Mal, wenn ihr in diesem Buch lest, euer Herz zu öffnen, denn es ist eine Einstimmung auf die Verwirklichung dessen, was wir alle zusammen in der Neuen Zeit erschaffen wollen. Es führt uns vor Augen, welchen Weg wir gehen wollen und werden. Die Worte sind voller wunderbarer Energie. Die Informationen, die Saint Germain und Helios uns gegeben haben, können uns helfen, unseren neuen Weg zu finden, und ich freue mich darauf, den Weg mit euch gemeinsam zu gehen.

In tiefster Liebe zu Mutter Erde und all ihren Geschöpfen.

Marlies Winckler

Margit Steiner
2012 hat gestern begonnen
Selbsteinweihung für den Aufstieg
120 Seiten, gebunden, mit Leseband
ISBN 978-3-938489-90-1

Schon seit einiger Zeit geistert das Jahr 2012 durch die Energiearbeit. Für die Autorin selbst ist 2012 keine Jahreszahl, sondern ein Energieereignis, das längst begonnen hat. Durch die Prozesse der Selbsteinweihungen schaffen wir den Energieraum, den wir für unseren Aufstieg brauchen und unterstützen so unsere körperliche, geistige und seelische Entwicklung. Durch die einzelnen Übungen und Weihen ist wird die Transformationen in Gang gesetzt, die sich im Alltag durch unsere Handlungen verstärken.
Heilung geschieht sozusagen „von selbst", da jeder – immer und überall – alleine an sich und für sich arbeiten kann.

Paulette M. Reymond
Wiedergeburt der Erde
Botschaften von Sirius A
128 Seiten, A5, broschiert
ISBN 978-3-941363-19-9

Die Erde und ihre Menschen sind dabei, einen Dimensionswechsel zu vollziehen – mit einer bisher einmaligen Tragweite. Den Wesen von Sirius A ist es daher ein Anliegen, der Menschheit in dieser wichtigen Übergangszeit zu helfen, denn sie und wir sind gleichberechtigte Raumgeschwister.
In großer Liebe, aber dennoch klar und offen, bereiten die Sirianer die Menschheit auf die Erschütterungen unserer Mutter Erde, Gaia, vor, die vor dem Dimensionswechsel noch geschehen müssen, damit auch der letzte Mensch wachgerüttelt wird und diese bemerkenswerte Zeit nicht verschläft.

Andrea Kraus
Toröffnung in die Fünfte Dimension
Energieausgleich durch Metatron, Saint Germain, Kuthumi...
272 Seiten, A5, gebunden, mit Leseband
ISBN 978-3-941363-18-2

Immer spannender werden die Herausforderungen in der Phase des Übergangs in ein neues Zeitalter, das wir spätestens am 21.12.2012 erreicht haben. Kein Wunder also, dass viele Menschen aufgrund dieser Umwälzungsprozesse ins Bodenlose stürzen. Und ihre Fragen werden immer dringlicher:
Und da ist sie – die Hilfe aus der Geistigen Welt: Die Aufgestiegenen Meister, weise Priester und Erzengel stehen uns zur Seite und führen uns durch die Dschungellandschaften des Chaos und der Zusammenbrüche. Ganz konkret nennen sie uns Möglichkeiten und Techniken, mit denen wir uns selbst helfen können, unsere Gefühle zu heilen, um schließlich Schritt für Schritt in ein erfülltes Dasein zu gelangen.

Julia Schuricht
Maitreya – Die sieben Lektionen der Liebe
232 Seiten, A5, broschiert
ISBN 978-3-941363-25-0

Dieses Buch enthält die geheimen Schlüssel des Einweihungs-
wegs des Herzens. Maitreya beschreibt sie als sieben Stufen auf
einer Leiter, die ineinander verwoben und nicht wirklich voneinander zu trennen sind, und gibt tiefe Einblicke in universelle Zusammenhänge des Seins und der Schöpfung sowie der Menschheits-
geschichte. Durch Erleben und Integrieren der „Lektionen der Liebe" erlebt der Mensch, der in diesem Prozess der Meisterschaft
sein Herz vollkommen öffnet, seinen Weg in die Freiheit des Seins.
Eine sehr liebevolle Anleitung für den Gang ins Zentrum und die Meisterung der
menschlichen Erfahrung.

Marianna Kehrwecker
Djwahl Khul
Nur ein Schleier trennt euch vom Licht
ca. 400 Seiten, A 5, gebunden, mit Leseband
ISBN 978-3-941363-23-6

„Das Zentrum Allen Seins, das da war, ist und immer sein wird,
ist ewig und immerwährend. Es ist überall. Ihr nennt es den Ur-
sprung des Lebens, die Schöpferkraft, die Quelle, das ICH BIN,
Gott – es ist unfassbare Liebe und Licht.
Ihr aber seid Teil dieses Zentrums Allen Seins – und nichts kann
euch letztlich davon trennen in ewiger Zeit. Der Ort eurer Verbindung aber ist euer Herz, eure liebende Wahrnehmung."
Der Meister Dwahl Khul spricht klar, liebevoll und aufbauend in eindrücklichen Bildern
zu uns. Wenn du diese Worte in dich hineinlässt, diese Liebe erlaubst, berühren sie
dich im Innersten und wecken Wandlungskraft, damit wir alle wieder Engel auf Erden
werden. Auch du!

Leila Eleisa Ayach
Seelenverträge - Absprachen in Liebe
152 Seiten, A5, broschiert
ISBN 978-3-941363-24-3

Wir fühlen uns oft machtlos einem Schicksal ausgeliefert, verstehen nicht, was mit uns geschieht, sind verwirrt, verzweifelt und
traurig. Wir haben unsere Seelenverträge vergessen, nur:
Seelenverträge – was bedeutet das?
Jeder von uns hat sich vor seiner Inkarnation auf der Erde einen
Seelenplan festgelegt, in dem jede Herausforderung festgeschrie-
ben ist, die unsere geistige Entwicklung fördert und uns auf den
Weg zum Erwachen führt. Die Geistige Welt weiß um unsere Ängste und Nöte, unsere Herausforderungen, aber auch um unsere Sehnsüchte, Ziele und Wünsche, und
möchte uns helfen zu verstehen, warum wir bestimmte Erfahrungen in unserem Leben
machen.

Daivika
Wenn der Körper die Erde wärmt
Saint Germain, Sanat Kumara, Sananda ...
80 Seiten, A 5, broschiert
ISBN 978-3-941363-16-8

Dem Ruf von Saint Germain folgend, öffnete sich die Autorin 21 Durchsagen mit dazugehörigen Meditationen aus der Geistigen Welt (Sanat Kumara, Mutter Maria, Sananda, Kuthumi, El Morya, Lady Nada, Miranlaya u.v.m.), die unseren physischen Körper in die energetische Schwingung bringen, die dieser bis 2012 erreicht haben sollte, um die Energie des Aufstiegs aushalten und mit der Erde aufsteigen zu können.
Auf dem Weg dorthin, der in einem heiligen Augenblick in den Armen von Sananda im Fluss der Einheit endet, finden immer wieder göttliche Begegnungen statt, die uns Stück für Stück an den hieraus gewonnenen Erkenntnissen wachsen lassen.

Sabine Skala
Herzkommunikation
Wiedervernetzung der Herzen auf Erden
264 Seiten, A 5, broschiert
ISBN 978-3-941363-15-1

Von verschiedenen Meistern und Lichtwesen aus der Lichtebene wurden neue Informationen rund um das Thema Herzensenergie durchgegeben.
Zudem vermittelt die Geistige Welt weiteres Wissen zu den Bereichen: energetische Partnerschaft und Seelenvereinigung, Kreatives Bewusstsein, Seelengruppen, Wirkung der eigenen spirituellen Fähigkeiten, das Herznetz der Kinder, neue Berufe der Lichtarbeiter und die kleinen Lichtboten, unsere Tiere, damit wir neue Sichtweisen erlangen und auf diese Weise lernen, die kraftvolle Energie unseres Herzens zu leben und kreativ, aber auch achtsamer mit uns und der uns inne wohnenden Macht umzugehen.

Heidrun Siebenhofer
An Maria im Himmel - Postlagernd
152 Seiten, A5, broschiert
ISBN 978-3-941363-21-2

Wir alle kennen Situationen im Leben, in denen wir uns blockiert fühlen. Probleme und Rückschläge scheinen uns zu behindern, und das Licht am Ende des Tunnels scheint meilenweit entfernt zu sein.
In einer solchen Situation wendet sich eine Hausfrau in einem Brief an die Gottesmutter, wonach ein lebhafter Briefwechsel zwischen den beiden beginnt.
Dabei geht es um 24 Fragen des Lebens, die vor allem Frauen betreffen.
Maria antwortet mit einfachen Worten, ohne dabei ins religiös-theologische abzugleiten, und vermittelt der Schreiberin auf einzigartige Weise, dass jede Erfahrung, jeder Schritt, den wir setzen, jeder Mensch, der uns begegnet, uns der eigenen Spiritualität näherbringt.